38 ANS DERRIÈRE LES BARREAUX

France Paradis

38 ANS DERRIÈRE LES BARREAUX
L'histoire du père Jean

NOVALIS

38 ans derrière les barreaux est publié par Novalis.
Mise en pages : Mardigrafe
Couverture : Audrey Wells
Photographie couverture : iStockphotos/Ira Struebel
© 2008 : Novalis, Université Saint-Paul, Ottawa.
Dépôts légaux : 3ᵉ trimestre 2008
    Bibliothèque nationale du Canada
    Bibliothèque nationale du Québec
Novalis, 4475, rue Frontenac, Montréal (Québec), H2H 2S2
C.P. 990, succursale Delorimier, Montréal (Québec), H2H 2T1

Nous reconnaissons l'aide financière du gouvernement du Canada par l'entremise du Programme d'aide au développement de l'industrie de l'édition (PADIÉ) pour nos activités d'édition.

ISBN : 978-2-89646-053-3

Imprimé au Canada

Catalogage avant publication de Bibliothèque et Archives natio-nales du Québec et Bibliothèque et Archives Canada

Paradis, France
  38 ans derrière les barreaux : l'histoire du père Jean
  ISBN : 978-2-89646-053-3

  1. Patry, André, 1940- . 2. Prison de Bordeaux (Montréal, Qué-bec). 3. Aumôniers de prison - Québec (Province) - Montréal - Bio-graphies. I. Titre. II. Titre: Trente-huit ans derrière les barreaux.

BX4705.P379P37 2008   259'.5092
C2008-941577-9

Pour Joël, Raphaëlle et Jérémie,

les trois plus belles grâces de ma vie

Pour Alban, mon premier ; Michel, mon dernier

et tous ceux que j'ai accompagnés entre les deux,

en hommage à tout ce que vous m'avez appris

sur l'espérance,

le courage et la souffrance

À Michel Danis,

pour toutes les prisons qui nous lient

F.P.

QUELQUES EXPLICATIONS
SUR SON NOM

Pendant trente-huit ans, il a été le père Jean, aumônier de Bordeaux, C'est le nom qu'il a choisi en entrant dans la communauté des pères trinitaires : Jean de la Charité. Mais il avait bien un nom de baptême, comme tout le monde. Ses parents l'ont appelé André et plusieurs de ses amis utilisent ce prénom pour s'adresser à lui.

Voyez-vous, il y a beaucoup d'André, mais il n'y a qu'un seul père Jean. Et j'ai compris au fil des ans que ce nom était devenu un titre ; qu'il désignait autant l'homme que son statut unique d'homme de Dieu au cœur de la prison.

Dans ce livre, j'ai choisi de l'appeler de tous ses noms, parce qu'il est à la fois homme et prêtre.

PROLOGUE

LE DÉPART

Ce dimanche 23 avril 2006, le père Jean se tient au bord de la porte de la chapelle de Bordeaux. Sa dernière messe est terminée depuis longtemps et il a pris le temps de faire le tour des secteurs pour saluer les gars ; il a fini par le trou, puis est remonté à la chapelle. Il est 23 heures 30 et tout le monde est parti, les détenus vers leurs cellules et les bénévoles vers leur maison ou leur couvent. André est seul dans cette chapelle de pierres au dôme de plus dix mètres de haut, vieille de presque cent ans. En fermant les derniers plafonniers, il se retourne. Dans la pénombre, son regard s'arrête sur la statue du Sacré-Cœur qui a assisté tant de condamnés à mort. Ses yeux caressent la statue centenaire de la petite Thérèse, glisse sur la photo d'Adrien Lebeau, « patron » de la prison, accrochée sur le mur derrière le petit piano électrique, et sourit devant l'immense tableau d'un Christ musclé et tatoué, réalisé par un détenu et suspendu au-dessus de l'autel nu. Un dernier regard sur cette chapelle où il a tant de fois célébré son engagement au cours des trente-huit dernières années.

C'est son dernier jour en prison.

Songe-t-il aux jours sombres de sa dépression en 1982 ? Revoit-il en pensée tous ces jeunes suicidés dont la mort le bouleversait tant? Entend-il la voix des gardiens hurlant au cœur de l'émeute du 31 décembre à la chapelle? L'odeur d'urine et de tabac froid dans le trou du « A » remonte-t-elle à ses narines?

En voyant les chaises à replacer le long des murs, il songe d'abord qu'il lui faudra tout remettre en ordre demain matin. Puis il se rappelle que tout cela ne lui appartient plus. Le père Jean, « le pape de Bordeaux » comme l'appelaient les gars, ne ressent ni tristesse, ni regrets, ni colère. Au contraire, en ce dernier soir à la prison, son cœur est plein de joie : il y a un temps pour chaque chose et le temps est venu pour lui de poursuivre son engagement « dehors ». Ce sont les mots de la petite Thérèse qui lui viennent aux lèvres : « Tout est grâce. »

André sourit en refermant la porte qui se verrouille toute seule, comme toutes les portes de la prison.

En marchant les mille cinq cents mètres de corridors et de grilles verrouillées qui le séparent de la grande porte d'entrée en fer de la prison, il salue chaque garde avec chaleur. Il ne se retournera pas une seule fois. Voilà donc ce qu'est devenu le petit garçon qui volait chaque jour du chocolat à l'épicerie du coin et l'adolescent qui battait la *gang* des Clément.

En ce dernier jour en prison, le père Jean va de ce pas qui a fait sa réputation de marcheur émérite et que peu d'entre nous arrivent à suivre. Il va vers l'avant. Comme toujours. Dehors, le Christ l'attend encore et toujours, dans le corps et le cœur ravagés des marginaux et des rejetés.

CHAPITRE PREMIER

LE DÉBUT DU DÉBUT

J'ai connu André il y a presque vingt ans. J'étais jeune journaliste et une obscure revue m'avait commandé un papier sur l'aumônerie en prison. Après avoir rencontré les aumôniers de trois pénitenciers, on m'avait fait remarquer, en ouvrant grands les yeux, que je ne pouvais pas écrire mon article sans avoir rencontré l'aumônier de la prison de Bordeaux. J'ai donc pris rendez-vous, ce qui n'est pas une mince affaire quand on connaît un peu le genre d'agenda que tient André et sa confiance plus que mitigée dans le corps journalistique. Après m'avoir prévenue qu'il n'aurait que trente minutes pour moi, il a raccroché en espérant sûrement que j'oublierais notre rendez-vous.

La porte d'entrée de la prison de Bordeaux est impressionnante et n'a pas de poignée. Pas de sonnette, un seul gros heurtoir. Elle se trouve au milieu d'un mur de pierre apparemment sans fin et haut de dix mètres, lui-même surmonté de barbelés et flanqué de deux miradors visibles de la rue.

Quand le père Jean daigne venir me chercher à l'entrée vingt minutes d'attente, il déclare qu'on aura seulement vingt minutes au lieu des trente promises. Pendant que j'essaie de le suivre, pratiquement au pas de course, dans les interminables corridors qui mènent à son bureau, je me demande si le décompte est déjà commencé.

Bordeaux est une des plus vieilles prisons au Canada. C'est aussi la plus violente, la plus bruyante et la plus laide. Son architecture en fait un joyau de son époque, mais ses portes en barreaux de fer sortent tout droit du Moyen Âge. Ses murs de pierre avec des plafonds de vingt mètres créent un tel écho que le couinement d'une souris vous perce le tympan. Tout est sale dans cette prison, parce que tout est si vieux qu'aucune manœuvre humaine ne peut rien changer à la crasse centenaire. Une autre chose vous frappe quand vous pénétrez dans cette prison la première fois, c'est l'odeur de la misère des hommes. Un mélange d'urine, de crasse, de transpiration et de larmes séchées. Les murs sont tachés par le temps qui passe si lentement quand on est incarcéré. Tachés de la suie des émeutes passées, tachés du sang des règlements de compte. Bordeaux, c'est la pire des prisons. Ceux qui ont fait pas mal de « temps » un peu partout vous diront sans hésiter qu'ils préfèrent une peine de plus de deux ans dans n'importe quel pénitencier plutôt que dix-huit mois à Bordeaux.

Quand on arrive dans son bureau, je me demande à quoi peut bien ressembler une cellule. On est dans le secteur F, celui de « l'infirmerie ». Celui où l'on met tous ceux qui sont « fragiles ». La prison ne sait pas quoi faire avec les personnes qui ne sont pas assez psychopathes pour se retrouver à Pinel, mais qui ne fonctionnent pas au milieu de la population carcérale « régulière ». Parmi elles, il y a les jeunes hommes que la pression de la violence a fait craquer. Il y a des personnes schizophrènes subitement privées de leur médication à cause de l'incarcération. Et ceux qui se retrouvent en psychose pour une mauvaise dose achetée à la cellule voisine. Il y a les personnes déficientes intellectuelles légères, dont personne ne reconnaît la déficience et qui ne comprennent même pas comment la guerre d'un secteur ordinaire fonctionne. Leur incarcération est un scandale qui n'intéresse personne.

Le bureau du père Jean est un capharnaüm de piles de papiers, de statues, de crucifix en papier, en bois, en carton, dessinés ou peints. Ce sont des œuvres de détenus et il n'en a jamais jeté une seule. Avant de commencer l'entrevue, il doit faire quelques appels. À l'entrée d'abord, pour donner les noms des gars qui ont demandé à participer au café-chrétien de demain après-midi. J'apprendrai plus tard que chaque nom sera examiné par les responsables de secteurs et les gars seront ou non autorisés à participer à l'activité. Un autre appel à Portage pour savoir où en est la demande d'un gars qu'il a vu hier et qui est en attente pour entrer en cure fermée. Un dernier appel, à l'épouse d'un détenu pour lui l'adresse des Petites sœurs de la Providence qui pourront lui donner de la nourriture. Finalement, on s'assoit tous les deux et je lui pose ma première question : à quoi ça sert un aumônier dans une prison ?

Parfois, dans la vie, nous faisons des rencontres qui semblaient nous attendre depuis très longtemps. La nôtre a été de celles-là.

André me traîne jusque dans la chapelle où m'attendent six gars tous plus baraqués et tatoués les uns que les autres. Puis il me laisse là, toute seule, refermant la porte derrière lui. À la fin de l'entrevue, les gars me demandent de venir le dimanche suivant… « Tu vas voir que la messe ici, c'est pas une messe de moumounes ! » Et c'est ce que j'ai fait, avec la permission du père Jean.

Jamais je n'avais participé à une célébration si pleine de joie, de sens et de surprises. J'ai demandé à revenir la semaine suivante puis la suivante encore. À ma quatrième requête,

André m'a regardée bien attentivement et j'ai vu dans ces yeux qu'il me jaugeait : est-ce une jeune femme dont l'égo se flatte d'être regardée et désirée par tant d'hommes ou vient-elle ici pour vraiment vivre quelque chose avec ces hommes blessés et blessants? Comprenez bien qu'il ne cherchait pas à me protéger, mais bien à protéger ses gars. Ce regard m'a donné une petite idée de la profondeur de son engagement auprès d'eux.

C'est de ce père Jean dont je voudrais vous parler. Celui dont la force d'engagement m'a entraînée en prison avec lui. Ce marginal devenu mon ami et dont j'ai appris à aimer les défauts et les imperfections. Cet homme de Dieu qui continue d'enrichir ma vie spirituelle.

CHAPITRE 2

LA PETITE SÉDUCTION

Trente-huit ans en prison. Aucun autre aumônier n'a jamais réussi ce tour de force. Comment a-t-il fait? C'est la question que tout le monde se pose.

Aucune formule magique. Pas de ligne directe avec le Bon Dieu qui éviterait toutes les peines et les misères. Certains pensent que les hommes de Dieu sont épargnés par la souffrance et le désespoir. Ou bien alors qu'ils sont choisis soigneusement par l'Esprit saint et envoyés sur terre pour déployer leur sainteté.

Ha! J'entends rire André à la lecture de ces lignes!

Non, André ne reçoit aucun SMS du Bon Dieu. D'ailleurs, je ne sais pas comment il le pourrait parce que, parfois, on dirait qu'André vit encore au siècle dernier : pas d'ordinateur (il ne saurait même pas comment le faire démarrer), pas de cellulaire et le répondeur vient juste d'arriver chez lui, dix-huit mois après sa retraite.

André n'a été épargné ni par la peine ni par le désespoir. Il a suivi son chemin, un jour à la fois. Une vocation. Un appel. Pourtant, André déteste ces mots-là. Pour lui, ils évoquent trop le coup de théâtre : il n'y a rien et tout d'un coup j'entends des voix qui me tirent brutalement hors de moi-même.

Non, rien à voir.

André parle plutôt de séduction. Pour André, chacun a une place particulière, juste pour lui, pour elle. Et Dieu nous guide très doucement vers notre place. Si on se laisse guider, ça avance peut-être plus vite. Si on résiste, ce n'est pas plus grave. L'amour de Dieu ne tient pas à ce qu'on fait ou pas.

Pour André, on peut dire que le Christ a dû faire preuve d'imagination et d'entêtement dans sa cour. Disons que ça n'a pas été une mince tâche.

André n'a donc pas eu d'appel du Seigneur ; il a simplement fini par être complètement séduit. Et c'est sûrement pour ça qu'il a toujours parlé de l'amour du Christ en des termes amoureux : *Il est fou de nous, il nous fait une cour tendre et incessante. Il espère tant nous faire succomber, tomber dans ses bras et vivre ainsi son amour fou! Il veillera jusqu'à la fin des temps, juste pour que pas un seul ne soit oublié ou abandonné. Il n'en laissera pas un seul derrière, les gars. Pas un seul!*

Et André s'est laissé séduire. Pour devenir un des plus incroyables « rabatteur » d'âmes que je n'ai jamais rencontré.

Aujourd'hui, je suis convaincue qu'André n'a jamais douté de l'amour de Dieu tout simplement parce qu'il a été beaucoup aimé par les adultes de son enfance. *Si j'étais poète, je chanterais mon enfance*, affirme-t-il.

Douzième enfant d'une famille de treize, dont onze garçons et seulement deux filles, André Patry vient au monde à Hull le 17 mars 1940. Monsieur est pharmacien chimiste et fabrique lui-même les médicaments qu'il vend. Madame s'occupe des enfants, évidemment, et s'implique beaucoup dans la paroisse.

On pourrait croire que le futur aumônier a trempé dans une atmosphère très pieuse. Pas du tout. Sa famille est catholique pratiquante, et ses parents sont des gens d'une foi profonde, mais étonnamment libérale pour l'époque. Ainsi, aucun des enfants ne sera jamais forcé d'aller à la messe, même si les parents, eux, y vont régulièrement. Sa mère trace une croix sur la miche de pain avant de l'entamer, mais on ne prononce pas de bénédicité avant les repas. On ne dit pas non plus le chapelet en famille. Jamais il n'entendra parler d'un Dieu vengeur… jusqu'à son entrée à l'école.

Son père est un homme remarquable, même s'il a des défauts comme tout le monde. Amoureux des arts et des lettres, profondément engagé socialement et politiquement, il craint l'endoctrinement au point de refuser que son fils entre au séminaire quand le clergé le lui proposera plus tard. Ce sera le cours classique dans un externat « qui forme les esprits à devenir médecin, avocat, ingénieur… et prêtre s'il le faut ». André garde de ce père le souvenir d'un homme qui n'hésite pas à remettre en question certaines positions de l'Église et discute souvent de politique avec ses fils. Ne vous trompez pas ; monsieur Patry est profondément croyant. Mais il ne confond pas la conscience et la religion. Surtout, cet homme joint la parole aux actes, même dans la controverse. À la mort de sa femme, par exemple, il va embaucher une aide domestique pour s'occuper des repas et du ménage. Il choisira une « femme de mauvaise réputation » qu'il accueillera dans sa famille avec une grande dignité et exige des enfants qu'ils lui démontrent le plus grand respect. Quelques années plus tard, bravant les interdits au cœur des années 50, il hébergera une ancienne enseignante de sa fille, religieuse défroquée et chassée du couvent parce qu'elle avait eu une aventure avec l'aumônier. Voilà donc le premier modèle d'homme offert à André : celui qui refuse de s'incliner devant les préjugés et les injustices et choisit plutôt de suivre sa conscience.

Sa mère était une sainte. C'est ce que le petit André aimait croire, en tout cas. Elle est belle, et les nombreuses grossesses et la vie quotidienne ne semblent pas avoir altéré sa joie et son amour pour ses enfants. Bien sûr, elle a les crises d'exaspération et de colère que toutes les mères de famille connaissent. Elle abat une telle somme de travail que c'est probablement plus l'épuisement que la fatigue qui la fait sombrer dans le sommeil. Leur vie de famille n'est pas un roman, et élever treize enfants ne ressemble pas à un pique-nique. Mais madame Patry aime cette vie et ceux qui la partagent avec elle. André est choyé. L'hiver, il patine au clair de lune ; l'été, il se baigne dans le lac Deschênes. Les trois plus jeunes partent régulièrement faire ensemble des excursions dans les champs avec une collation que leur mère a préparée. Son enfance est libre et sans soucis. Mais ses frères les plus vieux sont partis à la guerre, et André voit parfois sa mère pleurer en écoutant les nouvelles à la radio. Les autres font du théâtre et s'intéressent au cinéma. On le réquisitionne parfois pour faire de la figuration. Les meubles de la famille servent souvent de décors et les vêtements de tous sont mis au service des « productions ». Son frère Pierre fondera plus tard une troupe (Les dévots de la rampe) et deviendra d'ailleurs un cinéaste, pionnier de l'ONF.

André a donc été élevé dans une grande liberté d'esprit et de cœur. Ce n'est que bien plus tard, à l'école et au cours des retraites à la fin du primaire, qu'il entendra parler de péché mortel, de l'œil de Dieu vengeur et tout le tralala.

Ça ne fait pas de lui un enfant calme, bien au contraire! Sa belle-sœur Thérèse, alors enceinte de son premier enfant, dira à madame Patry : « Si je devais avoir un fils comme André, j'aimerais autant ne pas en avoir! » Elle en rit encore aujourd'hui.

Cette époque de grand bonheur prend fin quand sa mère tombe malade. Un cancer qui la ronge pendant toute une année. Un jour, elle le fait venir près d'elle et lui dit : « Quand je serai partie, il faudra que tu fasses bien attention, que tu écoutes bien Jacqueline [sa sœur aînée] et ton père, et ne fais pas pipi sur le siège de toilette… » André prétend avoir toujours suivi à la lettre les dernières recommandations de sa mère! Jacqueline serait peut-être d'un autre avis!

Un après-midi du mois de juin 1949, alors qu'il joue au baseball avec ses amis, on vient le chercher. « Je pense que ma mère va mourir », dit-il à ses camarades en laissant tomber la balle par terre. C'est l'agonie; tous les enfants sont autour de son lit. Elle meurt et André est certain qu'elle s'en va « directement au ciel ». Il a neuf ans.

Pour son père, le deuil est terrible. Mais quand une famille amie lui propose d'adopter André, il refuse catégoriquement. « André restera avec nous, avec ses frères et sœurs. » Encore aujourd'hui, André est ému en racontant cet incident. *Quand tu entends ton père répondre ça, tu n'as plus jamais de doute sur son amour pour toi. Ça voulait dire qu'il m'aimait, qu'il ne voulait pas me perdre. Ça, c'est précieux pour un enfant.*

C'est sa sœur Jacqueline, dix-sept ans, dont les études au couvent des sœurs grises viennent de se terminer, qui va s'occuper de la marmaille.

À partir de là, André devient vraiment tannant et fanfaron. Il recherche l'attention de toutes sortes de façons. Il commence à battre les autres enfants, particulièrement le jeune livreur de journaux. Tellement que le petit ne veut plus venir livrer le journal. Avec son frère Jean, qui souffre profondément de la perte de sa mère, il pénètre dans le garage des voisins et casse tous les jouets qui s'y trouvent. Cette famille est pourtant très amie avec la leur ; ces gens les amènent à leur chalet durant l'été. Étrangement, ils ne les repoussent pas après l'incident. Ils savent bien que ce sont les deux frères qui ont tout saccagé, mais ils continuent de les accueillir avec la même bienveillance. Ce couple comprend la détresse de deux garçons privés de leur mère.

Avec son ami Gérard, il forme alors une *gang* qui multiplie les mauvais coups. Ils saccagent une école, entre autres. Tous les jours, pendant les deux années suivantes, André vole du chocolat au dépanneur près de chez lui. Par défi, pour le *thrill*. Plus il est proche de la caisse, plus il aime ça.

Son frère est alors servant de messe chez les Servantes de Jésus-Marie. Un des garçons le jalouse parce que les sœurs l'ont pris en affection depuis la mort de sa mère ; il réussit à faire renvoyer le grand frère en envoyant une tête de cochon mort à la sœur responsable des servants de messe, disant que ça vient du frère d'André. Devant une telle injustice, André est indigné ! Il ne songe qu'à venger son frère et se met à battre systématiquement les servants de messe, et particulièrement celui qui avait envoyé la tête de cochon. (Aujourd'hui, ce jeune garçon est devenu prêtre !) Devant un tel comportement, on se met à le traiter de *bum*. Pour André, c'est une insulte à la dignité de son père. Une telle offense mérite une volée. Plus il se bat, plus on le traite de *bum* ; plus on le traite de *bum*, plus il se bat. Il met du sable dans le réservoir d'essence des voitures, il attache des plus petits que lui à des poteaux et les abandonne là.

En même temps qu'il s'installe lentement dans ce cercle vicieux de la délinquance, paradoxalement, son goût pour la prière se développe. Comment expliquer cela? Je ne sais pas. André non plus. Tout petit, quand sa mère le trouve trop tannant pendant la messe, elle lui suggère de regarder ce que fait le servant de messe. Peut-être un jour sera-t-il à la place de ce grand garçon? Il suit alors des yeux cet adolescent vêtu d'une belle aube blanche, qui fait des gestes précis et manipule des objets sacrés. Est-ce le romantisme du décor qui l'intéresse? La solennité du rituel? Sans doute. Mais cela n'explique pas tout.

La prière l'attire, particulièrement la prière contemplative, qui consiste à faire silence pour se placer en présence de Dieu. Il a vu sa mère faire ça. Il lui arrivera de dire des « Je vous salue, Marie », mais, très tôt il passera à un dialogue personnel avec Dieu. Ce qui est vraiment hors norme pour un garçon de onze ans, à une époque où la messe est encore dite en latin et les femmes, forcées de faire un bébé par année. André va même jusqu'à former une communauté religieuse « amateur » avec des rituels et une règle copiée sur celle des Servantes de Jésus-Marie.

Est-ce le Dieu de l'impossible, dont André parlera toute sa vie, qui se penche avec amour sur ce garçon en colère, blessé par la mort de sa mère? Une chose est certaine, le Christ a bien du chemin à faire pour finir de séduire ce petit *bum*.

À l'époque, son frère Pierre veut devenir prêtre et érige de petits autels dans sa chambre. Son recueillement et la beauté du décor marquent le petit André de onze ans. Il se sent bien dans ce recueillement.

Après avoir passé l'après-midi à lancer des pierres aux petits Anglais de l'autre côté du pont, il rentre et, avant de s'endormir, prie le Dieu dont lui ont parlé ses parents : un Dieu d'amour et de liberté. À douze ans, il va trouver les sœurs de la Providence pour leur demander d'être servant de messe. C'est un peu pour se rapprocher de Dieu et un peu pour venger son frère qui n'a jamais pu retrouver son *job* de servant de messe. Mais sa réputation a dépassé les frontières du quartier, et la religieuse le renvoie sans ménagement.

L'ÉVEIL DE LA VOCATION

À l'âge de treize ans, un article de magazine et un film à la télé vont irrémédiablement marquer la vie d'André et déterminer son parcours d'aumônier de prison. Le premier est un article de *Paris-Match* qui raconte le travail du père Talvas à Pigalle, en France, un prêtre qui accueille des prostituées. Cet article explique qu'on peut devenir parrain spirituel d'une des femmes de cette communauté de vie grâce à l'Amical du Nid. André s'empresse d'écrire et on le jumelle à Liliane. Tous les jours de sa vie à partir de cet instant, et encore aujourd'hui, André prie pour Liliane, sa filleule prostituée de Pigalle.

Dans la même période, il tombe sur un film en noir et blanc, diffusé sur les ondes de Radio-Canada qui existe depuis moins d'un an : *Les anges du péché*. Le film raconte l'histoire de la fondation d'une communauté religieuse, les Dominicaines de Béthanie. L'aumônier de la prison de Cadillac, en France, qui avait rencontré de véritables vocations religieuses chez ces prisonnières, leur avait proposé de former une communauté de religieuses contemplatives qui iraient visiter les prisonnières, les prostituées, etc. Le film présente donc de façon romancée la fondation de cette communauté, composée de meurtrières, de voleuses, de prostituées. André est frappé par ce mélange incroyable de marginalité et de foi. Il écrit à la mère générale du couvent pour lui dire combien le film l'a touché ; celle-ci lui répond, touchée à son tour par le jeune âge de son correspondant. Chaque année depuis, à Noël, André échange des vœux avec la mère générale du couvent des Dominicaines de Béthanie de Favières.

C'est à cette communauté de femmes qu'il doit son ascèse de non-curiosité. La règle de la communauté précise qu'aucune religieuse ne doit demander à l'autre d'où elle vient ni ce qu'elle a fait avant d'entrer au couvent. André y voit un moyen sûr d'aimer les personnes pour ce qu'elles sont aujourd'hui, sans traîner le poids du passé. Quand on refuse de s'intéresser au passé, notre regard est nécessairement différent, non pas empli de choses qu'on ne peut pas changer (le passé), mais plein de tout ce qui est encore possible dans l'avenir. Il décide sur-le-champ d'adopter cette façon de faire. En trente-huit ans de sacerdoce en milieu carcéral, jamais une seule fois André n'a demandé à un gars pourquoi il était en prison.

À l'époque de ses treize ans, il entend également parler des prêtres ouvriers et se dit que, si jamais il devenait prêtre, c'est ce genre de prêtre qu'il voudrait être : dans le monde, avec le monde, auprès de « ceux qui ont de la misère ».

C'est que ce très jeune adolescent se sent toujours autant attiré par la marginalité que par la prière. Le soir, après avoir fait ses mauvais coups, il prie pour *la personne la plus désespérée du monde*. Pas un seul instant il ne doute que Dieu entendra sa prière et la sauvera du suicide.

Il retourne chez les Servantes de Jésus-Marie pour demander à servir la messe. Heureusement pour lui, on a remplacé la religieuse chargée des servants de messe et celle qui l'accueille au parloir s'appelle sœur Marie-Louis de Montfort. Elle connaît la réputation d'André et sait très bien qui il est, mais elle accepte tout de même de le prendre. Elle en fera même son protégé. Le petit « fendant » n'est pas guéri miraculeusement, et il mettra l'amour de cette femme à l'épreuve plus d'une fois : coups de pied dans les bouquets de fleurs au bord de l'autel, retards, tours pendables.

Pourquoi cette religieuse a-t-elle continué d'accueillir l'ado turbulent qui la faisait pleurer si souvent ? Que voyait-elle en lui ? Je ne sais pas. Ce que je sais, c'est que parfois, on croise des gens qui nous aiment vraiment. Ils voient en nous ce que nous ne voyons même pas nous-mêmes. Et alors, ce regard d'amour, à ce moment-là, fait une différence. Pour André, il ne fait aucun doute que, chaque fois, c'est Dieu qui s'adresse à nous personnellement. *C'est chez les Servantes de Jésus-Marie que j'ai découvert l'amour de l'eucharistie.*

Toutes ces expériences, les Dominicaines de Béthanie, l'Amical du Nid, les prêtres ouvriers, l'amour de son père qui refuse de l'envoyer pensionnaire, la petite Thérèse de l'Enfant-Jésus dont il a entendu l'histoire à la radio et avec qui il découvre que Dieu aime les humains avec toutes leurs imperfections, l'amour de sœur Marie-Louis qui lui pardonne tout... Tout cela installe en lui la certitude que Dieu est Amour.

À une époque où l'Église catholique exerce un pouvoir excessif sur la vie des gens et sème la terreur avec l'œil du Dieu vengeur, il ne faudrait pas croire qu'André n'ait pas rencontré de religieux et de religieuses plus assoiffés de pouvoir que d'amour. Mais c'est comme si leurs travers n'avaient pas eu de prise sur André. Comme si tous les autres, si bons et aimants, avaient effacé les torts de ceux-là.

À la fin de son primaire, par exemple, on l'envoie en retraite fermée (!!) de deux jours avec une liste de péchés longue comme le bras. On lui demande de cocher ceux qu'il a commis. Les paroles du prédicateur résonnent encore en lui : « Ceux qui ont une bonne vie auront une bonne mort, les autres en auront une mauvaise. » Le petit André tremble en lisant la liste et n'a aucune difficulté à imaginer l'enfer que ce prêcheur lui a décrit avec tant de détails. Surtout qu'on lui a expliqué qu'il fallait réparer tous les torts. André songe au chocolat qu'il a volé tous les jours pendant deux ans et décide qu'il est perdu de toute façon : il n'arrivera tout simplement jamais à remettre le chocolat! Il décide donc de cocher tous les péchés de la liste, la mort dans l'âme, certain d'être promis aux flammes de l'enfer. Mais ce n'est pas le prêcheur qui vient pour le confesser, c'est le père Cabana. Le vieux religieux regarde la liste sans dire un mot, puis pose son regard sur l'enfant devant lui. Dans le silence qui dure, André n'en peut plus et finit par dire : *Il faut que je vous dise aussi que j'ai volé du chocolat tous les jours pendant deux ans. Mais je ne peux pas le remettre parce que je l'ai tout mangé!* Alors le bon père Cabana tend sa main, la pose sur la tête d'André et lui dit doucement : « Arrête de t'en faire avec tout ça. Tout est pardonné depuis longtemps. »

Au fil des années, André croisera des gens d'Église dans lesquels il ne reconnaîtra pas l'amour de Dieu. Comment expliquer qu'aucun d'eux ne le fera jamais douter de cet amour? Je ne suis pas certaine. Peut-être parce qu'il s'est attaché à rechercher l'amour de Dieu et a choisi de tasser tout le reste. Ou peut-être parce que c'est vrai, finalement, que l'amour l'emporte sur la souffrance.

La campagne de séduction du Christ avance doucement et lentement. André a été hameçonné, et son goût pour la prière continue de se développer. Il ne verra pas de buisson ardent ni n'entendra de voix céleste. Il est parfaitement normal et au milieu du cours classique, Dieu l'attire de plus en plus. Mais pas autant que fumer en cachette et troubler l'ordre des choses…

CHAPITRE 3

CHOISIR LE CHRIST

Si je n'étais pas devenu prêtre, je serais peut-être devenu le plus grand bandit de la terre! André dit cela à cause du feu qui l'habite. Quand il est placé au service d'une noble cause, on appelle ça le feu et la passion. Quand il sert à faire des hold-up, on appelle ça une perte de contrôle. Ou alors une obsession. Il faut avoir vu André s'obstiner pour quelque chose pour savoir que la frontière est mince entre l'entêtement et la détermination! Aussi mince qu'entre un bon citoyen et un détenu.

Quand un « sujet » l'habite, c'est complètement. Son engagement lui prend tout.

Je suis l'homme d'une seule passion... De l'absolu, je dirais même. C'est sans doute pour ça qu'il a voulu devenir trappiste. Mais, croyez-moi, la vie de silence n'était pas pour lui, et son directeur de conscience lui avait assuré qu'il ne tiendrait pas deux jours!

Mais avant de choisir la vie religieuse, André a usé sa passion sur bien des sujets... Le théâtre est l'un de ceux-là. Au collège, il dévore les pièces de Racine. *Il y avait dans ces pièces — je pense à Britannicus, par exemple — il y avait un tel idéal... une telle soif d'absolu! On y jouait des personnages d'une telle envergure! C'est la même soif d'absolu qui m'a fait choisir Dieu.* Il fait du théâtre et touche même au cinéma avec son frère Pierre. C'est par leur entremise qu'il fait la rencontre d'Élisabeth Chouvalidzé. Peut-être apprendra-t-elle en lisant ces lignes qu'elle fut l'objet de bien des méditations! Quand il en parle aujourd'hui, ses yeux s'ouvrent encore grands d'admiration en songeant à la beauté de cette femme. S'il n'avait pas été prêtre, André aurait aimé être comédien, et on dit qu'il en avait le talent. J'ajouterais qu'il en a encore le côté *jet-set* qui adore les caméras et la célébrité. Son humilité de prêtre l'empêche de le reconnaître ouvertement, mais moi qui l'aime et qui suis son amie, je peux vous le dire bien simplement : André est une star, même si sa seule apparition sur grand écran se résume à avoir joué le rôle du prêtre dans *Les colombes*, de Jean-Claude Lord, en 1972.

À l'époque du collège classique, il est également responsable du journal et y publie des articles d'une profondeur remarquable. Entre autres, il questionne les étudiants sur le sens de la vie et de la mort. Il va même interviewer des prostituées, les interrogeant sur leur vie. L'une d'elles le bouleversera en lui répondant : « La vie est ma souffrance… la mort, ma délivrance. » André est incapable de rester indifférent devant la souffrance. Il veut être avec ceux qu'on rejette, avec ceux qui sont abandonnés. Sa quête est déjà commencée, même s'il ne la nomme pas.

De responsable du journal, il n'y a qu'un pas à franchir pour devenir président de la classe de rhétorique. Grand démocrate, politisé et fort de son titre de président de classe, il propose un jour de décider tous ensemble des personnes qui vont figurer sur la photo de fin d'année. Les étudiants décident, avec une écrasante majorité, de ne pas y inviter le directeur adjoint du collège. André a dix-neuf ans ; pétri des principes de justice et d'égalité qui sourdent déjà dans la société québécoise et annoncent la révolution tranquille, il va défendre l'idée de la démocratie avec ce vote. Oulàlà! La sanction ne tarde pas à débouler : André est renvoyé sur-le-champ. Son père est profondément blessé et demande une rencontre avec le directeur. Je ne sais pas ce que monsieur Patry a dit à ce religieux chargé de tant de jeunes âmes, mais le directeur le reprend. André vient d'apprendre une leçon qui lui servira encore bien des années plus tard, en face de directeurs de prison revêches : pour obtenir un changement, il vaut mieux parfois procéder par la bande que de front.

Et puis, il y a Louise. Avec elle, c'est le grand romantisme! Ils s'écrivent des poèmes, s'offrent des roses, glissent des mots tendres dans leur soulier. Félix, Claude Léveillée, Monique Leyrac et Pauline Julien sont leurs muses, et leurs chansons les bercent d'amour tendre et éternel. Le jeune couple sort beaucoup. Louise est amoureuse folle de lui et fait des plans pour leur avenir pendant qu'André se sent de plus en plus attiré vers la vie religieuse.

Le père Pierre, trinitaire de passage à Hull, fait alors une présentation de sa communauté aux étudiants du collège. André est fasciné. Les Trinitaires sont un ordre cloîtré, fondé par Saint-Jean-de-Matha au XIIᵉ siècle, pour le rachat des captifs. Ce qui attire particulièrement André, c'est la « contemplation active » de cette communauté. Ils sont à la fois en contemplation devant la Sainte Trinité et actifs dans la vraie vie auprès des prisonniers, des pauvres, des persécutés. Il vient de découvrir le meilleur des deux mondes!

À cette époque, cependant, règne un jansénisme écrasant. Tout le monde a son catalogue de péchés sous le bras ; c'est le monde *d'après* qui importe, ici on peut bien souffrir, c'est mieux pour l'âme ; tout est sale sauf Dieu et la sainteté, par ailleurs absolument inaccessible pour les gens normaux. À moins d'assister à l'ignition spontanée d'un buisson ou à une apparition de la Vierge, c'est le péché et les pénitences incessantes qui nous attendent. Quand le ciel s'abat sur nos têtes, c'est que Dieu nous aime et devant la mort ou la souffrance, on sert en série cette réponse insignifiante et bêtifiante : les voies de Dieu sont impénétrables.

DES TROUBLES AMOUREUX

Ce qui l'a sauvé de cette noirceur intérieure, c'est la petite Thérèse de l'Enfant-Jésus. Celle de Lisieux, dont la publication du journal a bouleversé tant de monde. Celle qui décrit avec tant de clarté l'amour que Dieu a pour les humains et leurs imperfections, et comment son pardon est accordé à l'avance. Grâce à la petite Thérèse, André, et toute une génération de croyants, découvrira que pour se rapprocher de Dieu, il ne faut pas être un saint. L'amour de Dieu ne dépend pas de nos actions. Il est inaltérable. Wow ! Au début des années soixante, pour un jeune homme dans la vingtaine qui caresse l'idée d'entrer « dans les ordres », l'*Histoire d'une âme* de la petite Thérèse de Lisieux a l'effet d'une main fraîche déposée sur un front brûlant. *C'est elle qui m'a appris la charité et l'amour de Dieu... sinon je serais devenu ultra puritain, comme on l'était à l'époque. Je n'ai pas été épargné par l'idée du péché mortel à tous les coins de rue !*

Pour André, en tout cas, c'est à la fois un soulagement réel (c'est que la contrition parfaite est difficile !) et surtout, l'ouverture à une relation personnelle à Dieu. Des années plus tard, aux moments les plus sombres de sa vie, c'est

encore la petite Thérèse qui le ramènera à l'amour inaltérable de Dieu. Pour l'instant, il n'en saisit pas toute la profondeur, mais il comprend que ses désirs, de tous ordres,
ne l'éloignent pas de Dieu. Au contraire. André rappelle
souvent, encore aujourd'hui, que nous sommes des
hommes et des femmes de désir et que Dieu nous aime
ainsi, passionnés et habités par toutes nos soifs et tous nos
appétits.

S'il ne s'est pas marié, ce n'est pas par dépit, au contraire!
André a connu l'amour et le désir. *J'ai déjà été amoureux.*
J'ai fait des choix. Des choix douloureux, des deuils. Mais
aujourd'hui, je suis heureux comme homme et comme prêtre :
je ne pourrais pas totalement vivre mon engagement si j'étais
marié, engagé auprès de quelqu'un. La chasteté c'est d'abord,
dans le cœur, une option d'amour. Si je suis chaste, ce n'est pas
pour ne pas commettre de péché mais par un plus grand désir
de m'unir au Christ. Mon engagement est avec le Christ, c'est
lui qui nourrit ma vie. Pour André, Dieu est liberté. Le
désir de croire, c'est déjà la foi qui est en nous. Le désir de
chasteté, c'est déjà la chasteté en nous.

Son père meurt en janvier 1962. C'est sa dernière année
du cours classique et son choix se précise de plus en plus.
En mai de la même année, il part faire une retraite de dis-
cernement et décidera à ce moment-là de faire son entrée
chez les Trinitaires au mois d'août.

C'est la fin du cours classique et quand il annonce à ses
amis qu'il pense sérieusement à entrer chez les Trinitaires,
tout le monde tombe en bas de sa chaise. Pour Louise, la
chute sera violente et douloureuse. À l'ordination d'André,
elle pleurera toutes les larmes de son corps et on raconte
qu'elle ne s'est jamais mariée, toujours amoureuse de son
beau André que Dieu lui a volé.

Avec l'argent que son père lui a laissé à sa mort, André part en voyage en juillet. New York et Atlantic City, entre autres, où il fait de nombreuses rencontres de filles et de jeunes gars... C'est le vent de la révolution tranquille qui souffle sur les jeunes Québécois, et André porte lunettes fumées et cheveux longs. Il a toujours été un gars de *party*! Qui pourrait dire que ce beau bonhomme rentre au noviciat dans un mois? Pourtant, rien de tout cela n'est contradictoire pour lui, et il y a une part de lui qui semble imperméable à la culpabilité morbide de l'époque. Une partie seulement, parce qu'il vit quand même dans son époque. Durant son voyage, entouré de ces jeunes femmes avec lesquelles il partage un bout de son itinéraire, il croisera même son directeur spirituel. André lui avoue qu'aucune d'entre elles ne connaît ses projets pour le mois août. Le prêtre sourit et accepte de garder le silence.

L'ENTRÉE AU COUVENT

Août 1962. Sa famille va le reconduire avec sa petite valise dans laquelle se trouvent un pyjama, un manteau d'hiver et un habit noir, au cas où il changerait d'idée et voudrait rentrer chez lui. Il n'apporte aucun objet.

C'est son postulat d'un mois qui commence, à la suite de quoi la prise d'habit inaugurera le noviciat. À cette époque, on se choisit un nouveau nom en entrant dans la communauté. André fait encore une petite révolution en choisissant Jean de la Charité. C'est la première fois qu'on permet d'utiliser une vertu comme nom, au lieu d'un saint auquel on s'identifie. *Pour moi, il y avait dans ce nom toute la dimension mystique contemplative de saint Jean, l'apôtre de l'amour et de la charité. Je me disais que c'était un beau programme pour une vie! J'ai pris ce nom-là parce que si on veut essayer de vivre le commandement de l'amour, il faut la charité. L'amour l'emporte sur tout! Ce n'est pas sûr que je l'aie réalisé...* Il s'engage donc à être fidèle. Fidèle au Christ, pas à des structures, pas à une règle, pas à une morale. Fidèle au Christ. *C'est l'amour qui doit nous guider, avant la loi.*

Au début de son noviciat, il reçoit un cilice et une discipline. Le cilice est une ceinture de crin de cheval qui écorche la peau et qu'on doit porter autour de la taille toute la journée. La discipline est un fouet à neuf queues avec lequel on se fouette les jambes « pour faire pénitence ». Quelle époque!

Les Trinitaires sont un ordre cloîtré, fondé par saint Jean de Matha il y a plus de huit cents ans. Leur œuvre principale, c'est le rachat des captifs. Il fut une époque où ils le faisaient au sens strict du terme : ils ramassaient de l'argent pour payer la dot ou la rançon. Quand l'argent manquait, on envoyait un trinitaire prendre la place du prisonnier en cellule; une sorte d'échange qui permettait de libérer le captif. Au Québec, l'ordre prend son essor avec le père Pierre dans les années 40. C'est lui qu'André a entendu au collège et qui lui a donné le goût de devenir trinitaire.

À cette époque, les Trinitaires pouvaient sortir du cloître et aller faire ce qu'ils avaient à faire. On disait que les pères et les frères trinitaires respectaient l'esprit de la clôture et que c'est ce qui importait le plus, finalement. Quand ils revenaient dans leur couvent, ils étaient tenus au silence et à toutes les règles de la communauté cloîtrée. Ils accueillaient aussi les pauvres. C'est ce qu'ils font d'ailleurs encore à La maison du Père, un refuge pour les hommes itinérants à Montréal.

LES CONTRAINTES DE LA VIE EN COMMUNAUTÉ

La vie en communauté est difficile pour un enfant élevé dans un milieu de liberté! Les contraintes de la règle — l'habit, le cilice et la discipline, le silence imposé durant les heures de travail —, tout cela est pénible. Il faut demander des permissions pour tout : sortir, aller marcher, aller manger, aller au parloir deux fois par année, aller aux toilettes. On s'agenouille et on embrasse le scapulaire du supérieur. Pour le punir d'avoir marché au milieu du corridor (et avoir ainsi manqué d'humilité), il doit embrasser les pieds de tous ses frères puis rester les bras en croix jusqu'à ce que le supérieur en décide autrement. On refuse de lui remettre les lettres qu'il reçoit des jeunes filles qu'il a connues avant d'entrer. On multiplie les humiliations, croyant ainsi élever l'âme des gens. *J'avais déjà accepté tout ça! Toutes les humiliations, toutes les pénitences, je m'en foutais carrément. Je ne me sentais pas humilié!* Surtout qu'on ne sort pas le *bum* du gars si facilement… Un après-midi où le père-maître doit partir à Montréal, celui-ci donne congé aux novices pour l'après-midi et André organise le plus beau *party* que le noviciat ait connu à l'époque : on fait des courses dans les longs corridors, des batailles d'oreillers, on mange des bonbons, des oranges. Au retour du père-maître, c'est la consternation. Il met tout le monde en pénitence et fait venir André dans son bureau :

— Vous rendez-vous compte de ce que vous avez fait?

— Oui, mon père, et je ne regrette rien! On a eu tellement de plaisir! On a tellement ri! Ça nous a vraiment fait du bien!

Ces années de pénitences et de contraintes de toutes sortes permettront à André de comprendre de l'intérieur la vie des personnes incarcérées. Les petites humiliations, les milliers de règlements tous plus contraignants les uns que les autres, la perte de liens avec la famille, la solitude, l'angoisse aussi.

Car le noviciat lui fait vivre de grands moments de détresse. André appelle cela *un mal d'amour*, un ennui terrible de tout ce qu'il aime, de tous ceux et celles qu'il aime. Il doit être là, seul avec lui-même et Dieu afin de trouver l'équilibre entre sa relation à Dieu et sa relation aux autres.

UNE RÉVÉLATION

Un jour, dans la deuxième partie de mon noviciat, j'étais assis sur le bord de mon lit et là je m'ennuyais, t'as pas idée! Pas au point de vouloir quitter la communauté, mais je me sentais seul, totalement seul. Je lisais souvent une parole de saint Jean : « Celui qui m'aime gardera ma parole, mon père l'aimera, nous viendrons en lui et nous ferons chez lui notre demeure. » Je la lisais et ça ne me disait rien; je la trouvais plate, cette parole-là. Et puis, cette fois-là, je me sentais très, très seul, et soudainement cette parole a rugi en moi comme une source, sans même que je fasse un effort pour la dire ou m'en rappeler. « Celui qui m'aime gardera... » et à l'instant même, j'ai senti la présence de Dieu en moi : Père, Fils et Saint-Esprit. Pour moi, avant ce moment-là, Dieu, c'était Jésus; le Père, c'était un vieux avec une barbe; et le Saint-Esprit, c'était un moineau! Ce jour-là, j'ai tellement senti Dieu présent en moi... je vivais cette présence, tellement intense. À un moment donné, la sensation est partie et je n'ai plus jamais ressenti cela. Mais jamais plus je n'ai douté de la présence de Dieu en moi. Cela a été la grande grâce de mon noviciat!

André réalise qu'il lui faut accepter de mourir à sa vie d'avant, à lui-même. Mourir à tout ce qu'il aurait pu devenir. Il prononce donc ses vœux simples, même s'il a failli ne pas y être accepté... parce qu'il ne portait pas de pyjama!

Il ne faudrait pas croire qu'André n'a pas été heureux chez les Trinitaires. Bien au contraire! C'est comme si quelqu'un vous racontait les moments de déserts de sa vie conjugale et que vous en déduisiez que la vie conjugale est épouvantable. Pour André, il est clair que ce sont les Trinitaires qui lui ont permis de réaliser son charisme.

André n'a qu'un désir : aller en prison. Dès 1963, il accompagne le père aumônier à la prison Craig, à la prison des femmes et au Mont-Saint-Antoine, qui est une sorte d'école de réforme de l'époque. À travers ça, il aide les Petites sœurs de Jésus de Charles de Foucauld. Ici, il faut que je vous explique qu'André a toujours été un gars de *gang*. Quand il a lâché celle des *bums*, il s'en est trouvé d'autres tout aussi spéciales! Les Petites sœurs de Jésus en font partie. Les Carmélites aussi, qui ont joué et jouent encore un grand rôle dans sa trajectoire. Elles sont infatigables. André les « met sur un cas », et la chose est pratiquement réglée. J'y reviendrai plus loin, mais ce qu'il faut retenir, c'est que déjà à cette époque, André trépigne d'impatience de partager la vie des marginaux et ses brefs passages à la prison Craig et à celle des femmes ne font que renforcer son désir d'être en prison.

RÉVOLUTION TRANQUILLE

Bon. C'est aussi la révolution tranquille qui commence à sourdre, et le jeune novice n'est pas étranger à son époque. Déjà marginal à l'adolescence, il ne le sera pas moins dans sa communauté. Il soutient d'autres compagnons trinitaires qui demandent à aller vivre en quartier, c'est-à-dire hors de la communauté. Plus tard, il s'associera à leur projet : cela voudrait dire vivre en appartement, payer les factures, vivre pauvrement mais loin de la clôture, finalement. La communauté n'est pas prête à cela et leur requête sera refusée sans trop de délibérations. Mais André ne se laisse pas arrêter pour si peu. Une des caractéristiques d'André, c'est la persévérance qu'il met dans l'atteinte de ses objectifs. Ceux qui sont d'accord avec les causes qu'il défend appellent ça de la détermination. Les autres, en général, le trouvent entêté, borné et contrôlant. Au fil des années, il a affiné sa technique et je vous jure que nous sommes nombreux à faire exactement ce qu'il veut, sans jamais nous rendre compte de ses manœuvres !

En 1965, c'est la fin du concile de Vatican II, l'immense révolution de l'Église catholique. Les changements mis de l'avant, aussi nécessaires qu'énormes, ébranlent alors bien du monde. Un vent de liberté et de renouveau souffle sur l'Église. Avec des camarades de scolasticat, André, qui se prépare à devenir « père », se bat pour que les frères trinitaires soient traités comme les pères. Ici, il faut expliquer que dans les communautés religieuses il y avait les « frères », qui prononçaient des vœux solennels sans être prêtres, et les « pères », qui prononçaient les mêmes vœux mais étaient également ordonnés prêtres. À une époque pas si lointaine, cet état de fait créait deux classes de personnes : en-dessous, les frères, qui s'occupaient des tâches les moins intéressantes (portier, entretien, cuisine, lessive, etc.), et au-dessus, les autres, chargés des tâches les plus intéressantes (père-maître, père supérieur, gestion, etc.). Avec les autres scolastiques, André demande donc à ce qu'on permette aux frères d'accomplir les mêmes tâches que les autres. À leur grand désarroi, ce sont les frères eux-mêmes qui résisteront le plus. Il faudra attendre encore plusieurs années avant que le changement s'opère vraiment.

Je raconte tout cela parce qu'il m'est arrivé souvent d'entendre la surprise et la désolation même, à l'idée qu'à l'époque des grands changements de notre société, des jeunes choisissaient encore d'entrer dans l'Église. Eh bien ! sachez que les jeunes ont fait la révolution, partout où ils étaient. Et je dirais même que si la religion catholique n'était pas devenue un sujet tabou au Québec, vous sauriez à quel point ici elle est avant-gardiste, vivante et engagée socialement.

QUELQUES LEÇONS DE CHARITÉ

André prononce ses vœux solennels le 8 septembre 1966 et est ordonné prêtre le 26 décembre de la même année, à Hull, par Mgr Charbonneau. Peu après, il est nommé aumônier remplaçant de trois hôpitaux : Mayfair, Shriners et Notre-Dame. *J'ai adoré ça ! Ça ressemble tellement à la prison ! C'est la souffrance humaine. Encore.* Il a vingt-sept ans. Déjà il s'attache à l'amour bien plus qu'aux lois. Ainsi, une femme âgée et mourante le fait venir pour lui parler. Elle est tourmentée, angoissée, et ses enfants ne savent pas pourquoi. Une fois seule avec lui, elle raconte que toute petite, elle avait omis un péché en confession et était quand même allée communier. À cette époque, il s'agissait d'un sacrilège qui entraînait la damnation. Écrasée par la culpabilité, elle n'avait pas voulu avouer ce nouveau péché et avait passé sa vie avec l'idée qu'elle serait damnée. Cette femme était institutrice et prenait très au sérieux son rôle de modèle auprès des enfants, ce qui augmentait encore le poids de sa « faute ». André lui a pris les mains en lui disant que toutes ces années avaient été des années de détresse et non pas de sacrilège. Il n'y avait pas eu de sacrilège. En lui donnant la communion le lendemain, André lui a dit : *C'est dans la paix que le Christ se donne à vous pour que vous soyez en paix définitivement. Ça fait tellement longtemps qu'il attend que vous le receviez en paix!* Et la vieille dame a été totalement libérée. Ses enfants, qui ne savaient rien de toute l'histoire, l'ont vue s'éteindre quelques jours plus tard, rayonnante et apaisée.

Durant la même période, il cumule plusieurs fonctions dont celle de vicaire le dimanche à la paroisse de Saint-Bruno-de-Montarville. Le curé était un vieux malcommode, mais les jeunes pères aimaient bien aller dire la messe dans cette paroisse, parce que le curé avait une cave à vin remarquable et que les jeunes prêtres n'avaient pas beaucoup d'occasions de boire du vin. André s'est largement rattrapé depuis, d'ailleurs! Donc, ce jour-là, c'est André qui fait l'homélie et comme sujet, il choisit bien sûr la charité. Les gens viennent le voir après la messe pour lui dire à quel point « c'était beau! » et André reçoit les compliments avec bonheur. Ensuite, tout le monde passe à table et commence à manger. Le vicaire amène alors un itinérant qu'il a trouvé, couché dans l'église. « Bonjour monsieur, dit le curé, comment ça va? » Et là, André espère de toutes ses forces que le curé ne va pas inviter cet itinérant sale à manger avec eux à leur belle table.

— Avez-vous mangé? demande le vieux curé. Non? Alors, venez vous asseoir.

Et moi qui venais de faire une homélie sur la charité! Moi, je parlais de la charité, mais ce vieux curé bougon, lui, il la vivait, la charité. Jamais je n'ai oublié cette leçon-là.

Une autre fois, il roule en voiture avec son père supérieur. C'est un vieux père plutôt bougonneur, qui répond souvent non et que tous les jeunes critiquent beaucoup. Sur la route, ils aperçoivent un homme couché sur le côté. Ils s'arrêtent et se rendent compte qu'il s'agit d'un itinérant complètement soûl. Le père veut l'emmener et André tente de s'y opposer en lui disant qu'il vaudrait mieux avertir quelqu'un qui viendra le chercher. C'est que le pauvre homme sent vraiment le fond de tonne et André est aussi dédaigneux qu'on peut l'être. Le vieux père n'écoute rien et embarque le gars pour l'amener en sécurité. *Tu vois, le vieux père ne parlait pas beaucoup de la charité. À partir de là, je me suis dit qu'il fallait moi aussi que j'en parle moins et je la vive plus.*

COMMENT DEVENIR UN SAINT

Durant la même période, André doit aller au Lac-Saint-Jean remplacer le prêtre de la paroisse de Saint-Stanislas qui part à la pêche en vacances pour une semaine. André se promène de maison en maison et, un jour, il entre dans une maison où une femme est alitée depuis longtemps, semble-t-il. La famille n'a pas d'argent pour les médicaments. André s'approche de la dame et découvre des plaies de lit. Il suggère alors au mari de lever sa femme tous les jours pour la faire marcher un peu. Le mari fait ainsi et six jours plus tard, l'état de la dame s'est tellement amélioré que le mari veut lui embrasser les pieds pour le miracle qu'il fait. André se défend bien d'avoir fait un miracle, mais le bruit court déjà dans le village. Et quand il voit venir jusque chez lui un homme en fauteuil roulant, il court se réfugier dans les bois ! Figurez-vous qu'il est retourné dans cette paroisse vingt-cinq ans plus tard et que la sacristine lui a raconté qu'un saint homme avait visité le village bien des années auparavant et avait guéri une femme alitée…

CHAPITRE 4

ENFIN EN PRISON !

Construite en 1912, la prison de Bordeaux, dont le vrai nom est le Centre de détention de Montréal, compte 1200 détenus et prévenus (en attente de procès) en ce mois de janvier 1969. Une partie d'entre eux sont des mineurs (les juvéniles, comme on les appelait) ; une aile est réservée aux condamnés à mort et une autre section abrite l'Institut Pinel, strictement réservé aux malades mentaux, dont André sera le premier aumônier. Dans chaque dortoir, qu'on appelle des secteurs, dorment environ 200 détenus. Ils ont tous un uniforme, sauf les prévenus qui sont présumés innocents, et tous travaillent quelque part dans la prison : menuiserie, cordonnerie, fabrique de meubles, buanderie, etc. Et ils ne sortent pas. Jamais. Point à la ligne. Pas question de sortie au deux tiers de la peine, encore moins au tiers. Ce qui sera formidable pour l'aumônier qui veut faire une chorale : personne ne rate les répétitions. Tout le monde fait son temps, point final. Il n'y a jamais aucun « parloir contact ». Ce qui veut dire que les détenus ne voient leurs visiteurs qu'à travers une vitre de plexiglas, égratignée par la peine, les larmes et la colère accumulées.

Encore aujourd'hui, Bordeaux est la plus violente de toutes les prisons au Canada ; alors imaginez en 1969 ! On traitait alors les détenus comme des animaux enragés, et ceux-ci mettaient toutes leurs énergies et leur détermination à correspondre aux attentes. Non pas que les « gardes » soient tous des sans-cœur ! Non. Mais c'est la culture de l'époque : autant les laisser se massacrer entre eux et ramasser les corps ensuite. Ainsi, les secteurs sont bouclés. Ça veut dire que personne ne pénètre vraiment là où vivent les détenus. Les gardes approchent de la grille d'un secteur, l'ouvrent et laissent les plateaux de repas, par exemple, au bord de cette grille, en se dépêchant de la refermer. On ne pénètre dans les cellules qu'en l'absence de leurs « locataires » ou alors quand ils y sont tous enfermés sous clé. C'est ce qu'on appelle le « *dead lock*[1] ». Quand tous les prisonniers sont enfermés dans leur cellule, on procède au comptage des détenus dans le calme. Mais on n'y va pas quand ils sont tous sortis ! De toute façon, qui voudrait y aller ? Même la messe est dite par le vieux père Philémon dans la chapelle cernée par de grosses grilles, les gars debout derrière elles. En 1969, il n'y a aucun professionnel à la prison : ni travailleuse sociale, ni psychologue, ni agent de réadaptation, ni criminologue. Alors dites-moi qui pourrait bien vouloir s'avancer dans l'enclos des bêtes féroces ?

André, évidement.

Il devient officiellement aumônier dans ce paradis perdu le 31 janvier 1969. Enfin ! Il ne se peut plus de joie ! Au moment de son arrivée, le *dead wash,* le secteur des condamnés à mort, compte huit personnes qui attendent d'être pendus. Et c'est le père Jean qui les accompagne et les soutient. Ce n'est qu'en 1976 que le Parlement canadien abolit la peine de mort au pays. Le débat a été houleux et parfois même brutal, autant en Chambre que dans

---

1. Le *dead lock* est le verrouillage de toutes les cellules avec les détenus à l'intérieur. On procède au dead lock pour différentes raisons : deux fois par jour pour le comptage des détenus, au couvre-feu du soir et en cas de troubles appréhendés pour contenir la crise et limiter l'effet boule de neige.

les chaumières. Alors qu'il serait impensable de revenir aujourd'hui à la barbarie de la peine de mort, il faut se rappeler que le vote n'a été emporté que par quatre voix. Gardons-nous de croire que l'affaire est réglée définitivement par les temps qui courent. Quatre minuscules voix…

André sera de ceux qui ont milité contre la peine de mort. À la surprise de plusieurs, il sera aussi celui qui déploiera des efforts hurlants pour préserver le gibet de la destruction au moment des rénovations du secteur. C'est que le père Jean ne veut pas qu'on oublie qu'ici sont morts des hommes condamnés par leur communauté. Et aussi parce qu'André est fou d'architecture et qu'il frôle la syncope chaque fois qu'il apprend qu'un monument centenaire va être détruit. Pour lui, c'est notre histoire à tous et il faut la préserver.

Il est enfin dans cette prison et pour le combler davantage, il emménagera en juin dans la petite maison sur le terrain même de la prison. Son rêve est réalisé.

Son ministère le prend tellement aux tripes que ses camarades et les étudiants dont il a la charge lui organisent une fête où il ne se présentera pas… parce qu'il a oublié son anniversaire !

ACCUEILLIR INCONDITIONNELLEMENT

Il y a quelques années, une travailleuse sociale de la prison lui disait : « On n'est pas payés pour les aimer. » *Eh bien ! moi oui ! réplique André. Et même pas payé, je suis ici pour les aimer !* La travailleuse sociale n'avait pas tort, loin de là. Mais la perspective d'André est totalement différente. Il ne veut pas les « sauver ». Il ne veut pas les « changer ». Pas non plus « qu'ils comprennent ». Il veut les aimer et il a la certitude que l'amour peut tout. Bien des années plus tard, il formulera clairement ce principe fondateur de sa vie en prison : accueillir et aimer l'autre inconditionnellement. Quel incroyable défi !

D'une part, il s'agit de suspendre son jugement. Juste rester dans l'amour. Pour l'expérience, je vous suggère d'essayer de le faire seulement pendant une heure. Quand vous sentirez la critique et le jugement monter en vous, remettez-les à Dieu et revenez à votre présence aimante et accueillante. C'est difficile. Surtout quand tu vois revenir le gars en prison pour la quatrième fois...

Un jour, une des religieuses bénévoles de la prison vient voir André parce qu'elle est découragée : Pierre est revenu. Encore ! Elle avait tant investi en lui ! Ça n'a pas de bon sens ! La réponse d'André a été une immense leçon que je n'ai jamais oubliée : *Ma sœur, si vous êtes dans cet esprit-là, partez. Vous ne tiendrez pas le coup. Il faut que vous pensiez qu'il peut partir et revenir encore dix fois. Et la dixième fois, il vous faudra l'accueillir comme si c'était la première.*

Ce qui ne veut pas dire qu'André n'ait jamais été dérangé par des confidences ou des confessions. Dans la même semaine, trois détenus viendront confesser chacun un meurtre pour lequel ils n'ont jamais été pris. Celles qui le bouleversaient le plus, c'étaient les confessions d'agressions d'enfants. Alors, il devait puiser au plus profond de sa foi, dans son désir puissant d'être l'accueil inconditionnel de Dieu, dans la nécessité d'aimer l'homme tel qu'il est.

Surtout qu'il ne veut pas les aimer par charité ou par pitié ! Non, il veut les aimer pour eux-mêmes, pour ce qu'ils sont, exactement comme ils sont. Souvent sales, ou puants, arrogants, menteurs ou baveux. Ils ont peut-être tué leur propre mère, leurs propres enfants. *Je veux les aimer comme Dieu les aime, tels qu'ils sont.*

Je me souviens d'avoir accompagné un détenu pendant plus d'une année, au bout de laquelle il m'a révélé finalement ce qui lui avait valu sa sentence : agression sexuelle violente sur plusieurs enfants. Mes enfants à moi sont tout petits à l'époque, et sa confession m'ébranle terriblement. Je n'arrive plus à le voir comme avant. Je n'arrive plus du tout à l'accueillir inconditionnellement et je m'en ouvre à André. Sa réponse est immédiate : *Cesse tout de suite de l'accompagner,* me dit-il. *On ne peut pas demander ça à une mère de famille. Et cet homme a été assez jugé dans sa vie sans l'être encore une fois par toi.*

ET TOUTE AUTRE TÂCHE CONNEXE

Dès le début, André veut être le vecteur de l'amour de Dieu pour ses hommes. Il veut leur faire sentir à quel point Dieu les aime, tels qu'ils sont aujourd'hui même.

Il a vingt-huit ans à son premier jour comme aumônier. À peine plus que la moyenne d'âge des gars qui y sont détenus. C'est avec le père Philémon, qui a deux fois son âge, qu'il apprendra les rudiments de sa tâche. On pourrait la résumer en disant que l'aumônier est l'entonnoir pour toutes les demandes qui ne relèvent pas de la sécurité. Il manque un ballon pour la récréation ? L'aumônier va en trouver un. Censurer les lettres, les livres, s'occuper des familles angoissées et inquiètes, recevoir les gars en crise. Pas de vêtements pour un prévenu ? Appelle l'aumônier. Un téléphone à faire ? Il y en a un dans le bureau de l'aumônier. Si la nourriture n'est pas bonne, l'aumônier peut sûrement y faire quelque chose. Un jour, un garde a même demandé à André s'il n'aurait pas des meubles à lui donner, parce qu'il vient tout juste de se marier. En contrepartie, l'aumônier a LA clé. Celle des cellules. Chose impensable aujourd'hui! Il en a besoin pour aller entendre les gars en confession dans leur cellule, deux fois par année, alors que tous sont en *dead lock*. Jamais personne n'a attaqué l'aumônier pour avoir la clé. Je ne dis pas que personne n'y ait jamais pensé... Mais à cette époque, il existe vraiment une sorte de code d'honneur parmi les criminels. Et on n'attaque pas un aumônier. Ce code a disparu avec l'arrivée des *gangs* de rue qui, souvent, ne respectent rien ni personne. Ce sont eux qui sont responsables de la seule émeute qui ait jamais eut lieu à la chapelle, alors que cet espace avait toujours été protégé par tous et reconnu comme un *no man's land* exempt de violence. Les jeunes des *gangs* de rue n'ont pas respecté l'entente tacite. Mais Marc-Aurèle ne déplorait-il pas déjà la perte des valeurs il y a quelques siècles?

« Y'EST PESANT ICI, LE PÈRE! »

André, lui, ne veut qu'une chose : aller dans les secteurs quand les gars y vivent et y circulent. Il supplie et argumente, mais ce n'est qu'à l'arrivée du directeur Desrivières, quelques mois plus tard, qu'il obtiendra enfin la permission d'y aller. Monsieur Desrivières est un visionnaire qui croit à la réhabilitation. C'est à lui qu'on doit d'avoir mis fin aux sévices corporels sur les détenus. C'est lui encore qui a instauré un système de sorties pour les détenus. Il a exigé le respect et la courtoisie entre les membres du personnel mais aussi avec les détenus. Il n'avait pas peur de prendre des risques et en a pris beaucoup en choisissant d'humaniser un milieu si dur et si fermé. C'est le seul directeur de prison que je connaisse dont le départ a été contesté par les détenus ! Ils ont en effet rédigé une pétition pour demander d'annuler sa mutation afin de le garder à Bordeaux. En vain, malheureusement. Cet homme de foi et de courage marquera profondément André. Jusque-là, on n'avait jamais vu un directeur sortir de son bureau. Lui allait, une fois par semaine, au centre des opérations de la prison et recevait tous les détenus qui voulaient lui parler, prêt à recevoir leurs doléances. Cet homme hors du commun se promenait partout dans la prison, rencontrait les condamnés à mort, les prévenus, les récidivistes.

C'est cet homme qui va permettre à André d'être le premier à pénétrer dans les secteurs. Au début, les gardes ne veulent pas le laisser passer. Mais fort de la permission personnelle du directeur, André-le-fringuant enjoint le garde d'appeler monsieur Desrivières pour vérifier. Les détenus, de l'autre côté de la grille, assistent à la scène en houspillant le garde. Quand celui-ci raccroche, la mâchoire serrée, et ouvre la porte de la grille, les détenus hurlent de joie en criant : « Y'est pesant, le Père ! » en voulant dire qu'il avait assez de pouvoir pour faire plier un garde. Les réputations se bâtissent sur ce genre de détails, et André ne s'en est pas défendu…

ASCÈSE DE NON-CURIOSITÉ

André se promène donc dans les secteurs et les gars lui demandent s'il a peur ; il y a des meurtriers parmi eux, après tout. Et le jeune aumônier enthousiaste de vingt-huit ans leur répond qu'il n'a pas peur. *Comment je pourrais avoir peur ? Je ne sais pas qui est un meurtrier ! Moi, je ne vois que des hommes.* Voilà énoncée la deuxième des règles de la vie d'André en prison : l'ascèse de non-curiosité. Il l'a empruntée aux petites sœurs dominicaines de Béthanie et me l'a inculquée ensuite. Jamais il n'a demandé ce qu'un gars avait fait pour être incarcéré. Jamais. Il s'agit d'une sorte de police d'assurance contre notre propre tendance à condamner les autres. Pour André, un homme ne se réduit pas au délit qu'il a commis. Même s'il a tué, il peut aussi être un bon menuisier, un bon frère, un bon musicien. On ne pose pas de questions, on le prend comme il est, devant nous. Toute leur vie, on a demandé à ces hommes (et ces femmes) incarcérés de se justifier, de raconter ce qui était arrivé. Ils changeaient de famille d'accueil, il fallait recommencer. On les transférait de centre de détention, et il fallait encore tout raconter. André voulait que ces hommes, déjà jugés par tous, soient accueillis sans une seule question. Cela a été une vraie révolution pour ces détenus! Vous savez, ils ont tellement travaillé leur « chanson » au fil des années que placés devant quelqu'un qui ne leur demande pas de la chanter, ils se trouvent complètement déstabilisés. Et, croyez-moi, c'est là exactement qu'ils se dévoilent et se révèlent. Le lien qui naît d'une révélation volontaire, née de la confiance, peut alors atteindre des profondeurs insoupçonnées. Il faut dire qu'André a un charisme particulier pour cela. Certains savent chanter, d'autres connaissent le langage des animaux. André, lui, est un perceur de cœur.

Mais cette ascèse de non-curiosité n'est pas toujours facile à vivre pour le curé. Pas de question, ça veut dire pas de question non plus sur sa foi ou sa religion. Rien du tout. Évidemment, c'est difficile de renoncer à « sa chanson » aussi facilement. Beaucoup de gars essayent quand même de faire leur numéro. Et beaucoup sont très convaincants! Mais André est capable de reconnaître très vite la scène de larmes qui pourrait remporter un Oscar et l'émotion authentique d'un homme qui prend le risque de se dévoiler tel qu'il est, parfois pour la première fois de sa vie.

Même pour rencontrer les détenus les plus violents, André n'a jamais accepté qu'un garde reste avec lui dans son bureau. Il n'a pas peur. Il n'a jamais eu peur. À cette époque, les vieux détenus s'appropriaient les plus jeunes pour avoir des relations sexuelles. Un jour, il arrive dans un secteur et un grand bonhomme, beaucoup plus vieux qu'André, se met en travers de son chemin :

— Marchez-vous, Père?

— Oui, je marche! répond André. Je vais même marcher jusqu'à toi.

Et là, il s'avance et place ses deux pieds sur ceux du gars et le pousse. Tous les spectateurs se sont empressés de répandre la nouvelle que le curé avait du nerf! Une autre fois, André apprend qu'un détenu a dit : « Si le curé vient dans ma cellule, je le "crisse" en bas du troisième! » André décide alors d'aller le voir dans sa cellule en faisant semblant de se tromper de cellule.

— Est-ce que c'est toi, Tremblay?

— Non, moi c'est Laroche.

— Ha! C'est toi qui veux me « sacrer » en bas du troisième étage?

— Oui, c'est moi! Ma sœur a été violée par un curé en Abitibi...

Et le détenu révèle toutes sortes de brutalités que sa famille a subies de la part du clergé. C'est épouvantable! Plus il en raconte, plus il sacre et devient rouge et énervé. Alors André lui coupe le sifflet en lui disant, le plus simplement du monde : *Mon Dieu, s'il m'était arrivé tout ça, je*

ne laisserais jamais un curé entrer dans ma cellule et je le
« crisserais » en bas! L'autre en a été soufflé. André et lui
sont devenus de grands amis.

André n'a jamais été insulté non plus.

Ça ne veut pas dire que tout le monde le recevait comme la
révélation! Loin de là. N'oubliez pas qu'à l'époque, on vient
de jeter l'Église catholique par-dessus bord et que l'attitude
anticléricale est la plus répandue. Mais ceux qui ne veulent
rien savoir de lui sont ceux qui l'intéressent le plus. Ce n'est
pas par défi ou par orgueil. *Je me disais tout le temps : lui, je
vais finir par l'avoir! Pour moi, un gars qui me résiste, c'est un
gars qui a des choses à me dire. Je veux trouver la porte qu'il
cache.* Et tous les moyens sont bons pour ce « ratoureux ».

Souris était de ceux qui ne voulaient même pas lui adresser
la parole, mais il adorait sa mère. Celle-ci venait le visiter
tous les dimanches. Un beau jour, en faisant semblant de
chercher quelqu'un, André se tourne vers cette femme et la
salue chaleureusement en lui disant qu'il connaît son fils et
qu'il l'admire de venir ici tous les dimanches le visiter. La
vieille dame est séduite. De l'autre côté de la paroi en plexiglas, *Souris* assiste à toute la scène. Dans les deux jours qui
ont suivi, *Souris* a demandé à rencontrer le père Jean.

NE RIEN DIRE

Au début de son ministère en prison, André reçoit un prévenu qui lui remet un formulaire, rempli au propre, en lui
demandant de le remettre au directeur. Il s'agit d'une
demande de procédure d'appel pour une sentence. C'était
avant monsieur Desrivières et à l'époque, les détenus
avaient trente jours pour déposer une demande d'appel.

Or, on les envoyait au trou sans leur dire qu'ils avaient le droit de faire appel. Ce détenu-là était brillant et instruit et avait rempli le formulaire pour un autre. Il le remet donc à André en lui demandant de ne pas dire qui l'avait rempli. André accepte et va porter le formulaire. Le directeur de l'époque lui enjoint de révéler le nom de la personne qui lui a donné ce document, mais André refuse fermement. Une semaine après, le détenu en question lui apprend que le directeur a fait ramasser toutes les dactylos du secteur pour savoir qui avait rempli le formulaire. Il venait donc remercier André de n'avoir rien dit. Après ça, tout le monde savait qu'on pouvait parler au petit Père et qu'il ne parlait pas.

Il savait si bien être discret que son propre frère était incarcéré à Bordeaux quand André y est entré et que personne ne l'a su avant la fin de sa sentence. André avait tellement peur de faire des passe-droits qu'il refusait systématiquement de le voir. D'autres détenus et même des surveillants venaient voir André en lui disant que Marcel était vraiment une bonne personne et qu'il aimerait vraiment le voir. Le plus drôle, c'est qu'il avait aussi un de ses frères psychologue qui visitait des détenus. Et tous les trois se sont un jour croisés dans un des escaliers du secteur D… L'affaire aurait été complète si son autre frère, gardien de prison, l'avait été à Bordeaux plutôt qu'à Hull!

Jamais André n'a révélé à qui que ce soit une information pouvant permettre d'identifier un détenu. Et les directeurs et directrices ont toujours respecté cela, même si cela ne les a pas empêchés de poser des questions… Il est arrivé qu'on lui demande ce qui se passait dans un secteur en particulier où ça brassait plus que d'habitude. Alors André y allait, discutait avec les gars et revenait expliquer la situation générale, sans jamais entrer dans le détail des noms et des actions.

En même temps, il faut bien comprendre qu'André n'a jamais accepté de participer à un acte illégal. Il était fidèle aux directions autant qu'aux détenus. Fidèle surtout à sa conscience. Dès sa première année à Bordeaux, un gros caïd du crime organisé vient le voir dans son bureau et lui demande d'aller voir sa mère, qui est très religieuse, et de lui demander de lui remettre une lettre en particulier.

— Qu'est-ce qu'elle a de si important, cette lettre?

— Je vais être franc. Je suis en attente de procès et ça fait deux juges que j'oblige à se désister. La lettre que vous m'apporteriez permettrait d'obliger le troisième qui vient d'être nommé à se désister.

— Je m'excuse, mais je ne peux pas accepter ça.

— Je sais que c'est un très grand service que je vous demande, mon Père. Mais si vous le faites, vous n'aurez plus jamais de problème avec votre vieille voiture, parce que vous en aurez une neuve et que vous ne paierez jamais d'essence.

— Non. Ce serait aller contre ma conscience. Je ne peux pas.

Le caïd se lève. Juste avant d'ouvrir la porte, il se retourne et dit : « Je vous félicite d'avoir refusé de tremper dans une sale affaire comme ça. » Il a été jugé et condamné. Et il est revenu régulièrement voir André en toute confiance. Aujourd'hui, avec le prix de l'essence, une offre comme celle-là ne serait pas à prendre à la légère!

On a tenté de faire pression sur l'aumônier de bien des façons. Un 24 décembre, André achève de faire le tour des cellules pour parler à tous quand trois ou quatre gars le font entrer dans la leur. Ce sont des Popeye, les ancêtres des Hell's Angels. Ils lui demandent de descendre porter du *pot* à leurs amis qui sont dans le trou. André refuse évidemment en leur disant qu'ils connaissent assez de trucs pour faire passer de la drogue qu'ils n'ont pas besoin de lui. Alors les motards font valoir la charité chrétienne et le fait que leurs amis souffrent vraiment d'être dans le trou la nuit de Noël. André sourit et refuse toujours d'acquiescer à leur demande. Et là, l'un d'entre eux dit tout haut : « En tout cas, moi je sais des choses et si je voulais parler, je pourrais parler... » C'est comme si un courant électrique avait traversé André. Il ferme la porte de la cellule et déclare que personne ne va sortir tant que le gars n'aura pas dit ce qu'il a à dire. Le Popeye a bien été obligé de finir par avouer qu'il n'avait rien sur son compte, qu'il voulait simplement faire pression.

Je leur disais que je ne manquerais jamais de loyauté envers mes supérieurs, raconte André. *Comme je ne manquerais jamais de loyauté envers eux. « Je ne révélerai rien de ce que vous me confiez, mais je ne ferai jamais rien qui va contre les lois de la prison. Si vous me voyez trahir mes supérieurs, là vous aurez raison de vous méfier de moi. »*

André a été un aumônier droit, vrai et debout. Et je vous assure que la ligne n'est pas large et plus d'un aurait pu s'y perdre. D'ailleurs, bien des années plus tard, sa réputation inattaquable sera le tremplin qui lui permettra de sortir indemne d'une affaire de trafic de drogue.

COMPLICE DU BIEN, NE JAMAIS CAUTIONNER LE MAL

André a connu Morgentaler, Michel Chartrand et plusieurs felquistes. Au fil des années, il s'est lié avec les gens de la mafia et les motards; Maurice Mom Boucher, Mesrine, Richard Blass, Réal Chartrand, Apache Trudeau et tant d'autres tueurs à gages, délateurs, trafiquants, braqueurs, etc. Il a célébré leurs mariages, baptisé leurs enfants, présidé les funérailles de leurs mères, de leurs frères, de leurs enfants. Et beaucoup plus souvent qu'il ne l'aurait souhaité, il a aussi célébré leurs funérailles à eux. Il a mangé à leur table, les a entendus en confession, les a calmés quand ils étaient angoissés et consolés quand ils pleuraient.

Quand je parle d'André à des gens qui ne le connaissent pas, je lis souvent un doute dans leurs yeux : on ne peut pas vivre si près des bandits sans que ça finisse par déteindre un peu... Je ne leur en veux pas du tout. C'est simplement qu'ils ignorent que dans la constellation de personnes qui s'agitent autour de ce genre de monde, André occupe un statut absolument unique : ils lui doivent tous d'avoir reçu de l'amour et du soutien, et lui ne leur doit rien du tout. Il doit être le seul de tout leur entourage qui y soit sans y être « attaché » par un entrelacement de dettes et de services rendus !

Un jour, durant la fête qui suivait la cérémonie de baptême du fils d'un caïd de la mafia qu'André avait célébré, le mafieux s'approche du curé avec cinq cents dollars roulés dans la main. En les lui tendant, il dit : « Je sais bien que vous ne voulez jamais vous faire payer, mon père. Mais prenez-le pour vos pauvres. » André le regarde un instant et lui rend l'argent en disant : *T'en connais pas des pauvres, toi?*

La ligne qu'il a tracée tient dans le troisième principe qui lui a permis de durer si longtemps en prison : être complice de tout le bien qui est dans une personne, sans cautionner le mal qu'elle a pu faire ou fait encore.

André raconte qu'il s'était lié profondément avec un jeune, Paul, dans la drogue jusqu'au cou et qui trafiquait. Il voyageait beaucoup ! Et chaque fois qu'il revenait au pays, Paul venait voir André. Un jour, Paul le regarde...

– Ça vous dérange pas, père Jean, que je fasse du trafic ?

– Ben oui, ça me dérange !

– Vous me dites rien ?

– Si je te demandais d'arrêter maintenant, est-ce que tu le ferais ?

– Ben non !

– Bon, tu vois, je le savais déjà. Donc parlons d'autres choses.

J'en suis venue à comprendre que pour André, même les délits ne doivent pas être un obstacle à l'exercice de l'amour. Dieu ne s'impose pas. Dieu ne force rien. Dieu est une expérience d'accueil et d'amour inconditionnel. André ne considère pas que ce ne soit pas grave de commettre des délits ! Pas du tout. Il ne trouve pas ça non plus anodin ou sans importance. Non. Ce que cette règle signifie, c'est qu'il veut tenir ouverte la voie d'une alternative.

Un caïd de la mafia montréalaise lui a déjà déclaré : « Père Jean, je ne vous laisserais pas entrer chez moi et je ne vous aurais pas demandé de baptiser mon fils si vous n'étiez pas *straight et ligit* dans votre vie. C'est parce que vous êtes comme ça que les gens du milieu vous respectent. »

Ça ne veut pas dire qu'André ne passe jamais de commentaires. Il lui arrive de dire par exemple : *Tu ne trouves pas que ta manière de vivre, ça ne marche pas tellement bien ? Mais il n'en fait pas une condition, une requête. *Tu comprends, ils cherchent le bonheur ! Ils le cherchent dans la drogue, le sexe, l'argent. Ils sont comme nous tous ; ils veulent être heureux. Quand ils vont arriver l'autre bord, le Christ va les attendre les bras ouverts : « Viens-t'en, tu m'as tellement cherché. C'est moi, le bonheur ! »*

Quand je raconte que j'ai accompagné des hommes en prison pendant vingt ans, tout le monde croit que je suis contre la prison. On ne pourrait pas se tromper davantage ! La prison est nécessaire. Elle permet de fermer toutes les portes que ces gars-là ont prises et qui ne sont pas adéquates dans notre société. Sauf que, une fois qu'on a fait ça, il faut en ouvrir de nouvelles si on ne veut pas les emmurer dans l'impossible. Et moi, je veux être une de ces portes, tout simplement. André répète souvent aux gars : *Dieu ne vous a pas envoyés en prison, mais il vous y attend.*

GARDER LE LIEN

André s'attache à pratiquer l'accueil inconditionnel, l'ascèse de non-curiosité et à être complice du bien sans jamais cautionner le mal, afin de pouvoir déployer son quatrième principe : garder le lien à tout prix. André a été en lien avec des personnes au lourd passé criminel, qui n'avaient pas l'ombre du commencement d'une idée d'arrêter. *Même quand je sais que la personne n'en sortira pas, je veux garder le lien. Parce que le jour où elle voudra s'en sortir, où ira-t-elle ? Si je l'ai accueillie sans jugement, si je n'ai cessé de croire dans tout le bien qui l'habite sans jamais cautionner le mal qu'elle a fait, alors c'est vers moi qu'elle viendra. Et même si elle ne voulait jamais s'en sortir, je sais que mon accueil et mon lien auront été pour elle des expériences d'amour. Et finalement, n'est-ce pas cela qui importe ?*

André a connu à Bordeaux un homme qu'on appelait Ivre, parce qu'il était toujours « soûl à la bagosse » ou « gelé ». Il participait aux activités de la pastorale en prison et quand il est sorti, il a continué de donner des nouvelles. Une carte postale, de Colombie surtout, avec des femmes nues ; ou encore des images de singes sur lesquelles le gars avait écrit : « J'ai vu quelqu'un qui te ressemble. » Il revenait toujours voir André sans rien lui demander, contrairement à bien d'autres. Un jour qu'André lui demande pourquoi il revient sans avoir besoin de rien apparemment, le gars lui fait la réponse qui a permis à André de comprendre ce qu'il représentait pour les gars : « Je viens vous voir parce que vous êtes le monde spirituel. Avec vous, j'ai une relation de vérité. Vous savez ce que je fais, vous n'êtes pas d'accord, vous ne faites pas semblant. Je sais que vous êtes en lien avec Dieu. Dans mon milieu, tout est faux ; je ne peux pas vivre ce genre de relation vraie… Quand je vais mourir, j'aimerais ça que vous priiez pour moi. » Le gars n'est pas mort. Il est entré dans AA, s'est marié, a eu un fils, n'a jamais retouché au crime, à l'alcool ou à la drogue. *C'est moi qui l'ai aidé à faire sa quatrième étape AA et qui ai baptisé son enfant. Vois-tu France, à quel point maintenir le lien c'est important !* Oui, je vois bien que toi et lui, vous avez tenu dans vos mains le plus fin de tous les fils et que c'est ce qui lui a permis de sortir de son labyrinthe.

Louis a été condamné à vingt-cinq ans de prison aux États-Unis. Et là-bas, on fait toute la sentence! Eh bien! pendant vingt-cinq ans, Louis a téléphoné tous les mois à André.

Une autre fois, c'est le soir de Noël, et André est crevé. Il refuse toutes les invitations de sa famille, se fait venir une pizza et regarde la télé. Le téléphone sonne. C'est Mao, un gars qu'il a connu en prison et avec qui il avait commencé à faire des méditations devant le Saint-Sacrement. Un gars d'une profondeur rare. Vingt-cinq ans sans la moindre nouvelle. Mao avait appelé à la prison et on lui avait donné le numéro personnel du Padré, ce qu'on ne fait jamais, bien sûr. Au bout du fil, une voix douce et calme...

– Je vous appelle, mon Père, simplement pour vous dire que, quand je pense à une personne signifiante dans ma vie, je pense à vous.

Pour André, c'est le plus beau cadeau de Noël, et il sait maintenant pourquoi il est resté chez lui, tout seul, ce soir de Noël-là.

Et tous ces hommes ont des épouses, des blondes, des mères et des sœurs. André en a connu beaucoup de ces femmes qui font du « temps » dehors pendant la sentence de leur homme. La plupart sont des femmes fidèles, courageuses et patientes. André pense entre autres à Monique, Andrée, Michèle. La vie est difficile quand l'autre est incarcéré, et André le sait. Il a visité tant de familles, bu tant de mauvais cafés et porté si souvent des victuailles pour « celles-qui-attendent ». On s'imagine à tort que ces femmes sont sottes ou manquent cruellement de jugement pour s'être liées à un délinquant. Non, ces femmes sont aimantes. Elles sont professeure, criminologue, directrice du personnel, sculpteure, serveuse ou commis comptable. Sylvie, Lorraine, Johanne. André les a vues faire les milliers de démarches pour obtenir un appel, les dizaines de téléphones pour emprunter de l'argent, régler une dette ou sauver une *job*. Chaque fois qu'il a pu, il les a accompagnées aux audiences, au pénitencier lors d'un transfert ou même à l'hôpital. On peut dire que le père Jean a aussi été l'aumônier des familles de détenus.

L'une d'elles, c'est la famille Léonard. En 1969, puisque l'aumônier ne peut pas se rendre dans les secteurs, on désigne un *runner*, c'est-à-dire un détenu de confiance qui ira chercher les gars dans les secteurs pour les mener jusqu'au bureau de l'aumônier. Gilles Léonard sera ce *runner* pendant de très nombreuses années. Il attend toute la journée au pied de l'escalier à côté de la porte du bureau d'André et quand un gars en sort, il court en chercher un autre. Gilles est alors incarcéré à Bordeaux pour un vol de banque commis dans la succursale où le frère d'André est gérant ! Cela n'empêchera pas une grande amitié de naître entre ces deux-là. Gilles Léonard a été le premier détenu de Bordeaux à obtenir un « code », c'est-à-dire une permission de sortie temporaire. À l'époque, ça n'existait pas, mais André a demandé à monsieur Desrivières s'il pouvait amener Gilles à son cours de criminologie pour l'y faire raconter son histoire. Ce qui fut fait, à la surprise générale des universitaires ! À sa sortie de prison, Gilles va habiter au couvent des Trinitaires, à la demande d'André. Puis il se cherche un boulot et maintien un lien étroit avec son aumônier. C'est que Gilles veut sortir du milieu criminel, mais ce n'est pas facile. Ses *partners* viennent lui proposer des « affaires en or ». C'est auprès du père Jean qu'il va chercher la force de dire non. Et il tient bon. Un jour, un important membre du conseil d'administration de RONA, qui a entendu André témoigner de son travail en prison, va lui demander s'il n'aurait pas un ex-détenu à référer pour un boulot. André saute sur l'occasion pour « placer » Gilles. Celui-ci conservera son emploi pendant des années, devenant l'homme de confiance du patron. Jamais il n'a retouché au crime. André et lui sont restés amis pendant presque quarante ans. Gilles Léonard est décédé en septembre 2007, mais il occupe toujours une place privilégiée dans le cœur et la vie d'André parce que… *On était très amis, très proches. On s'est joué bien des tours! Il a fini par rencontrer mon frère, celui qui était gérant de la banque qu'il avait volée. C'est mon premier détenu réhabilité! J'ai béni son mariage et baptisé son fils. J'ai fini par connaître toute la famille; j'ai présidé les mariages, les baptêmes, les funérailles. On peut dire que j'ai été le chapelain de la famille Léonard. Et je le suis encore!*

ET LES VICTIMES?

Il ne faudrait pas croire que les victimes le laissent indifférent, loin de là. André a lui-même été victime de vol à plusieurs reprises, chez lui, dans sa maison. *Une introduction par effraction dans notre maison, c'est comme une profanation de notre intimité. Je me suis senti vraiment blessé. À partir de ces nombreux vols, j'ai une petite idée de ce doit être pour une femme d'être violée! Être victime d'un crime, c'est terrible.* André a la même compassion pour les victimes que pour les détenus. Il s'est impliqué dans les mesures de justice réparatrice. C'est un programme qui permet à une victime de rencontrer son agresseur face à face, pour lui dire ce que le crime lui a fait vivre. Parfois, quand ce ne peut pas être l'agresseur lui-même, on propose une rencontre avec un délinquant qui a commis le même genre d'offense. C'est l'occasion pour la victime de faire face à son agresseur en toute sécurité, grâce à un encadrement et une longue préparation. Les mesures de justice réparatrice permettent aussi au délinquant d'entendre réellement, et souvent avec beaucoup d'émotion, l'impact que son geste a eu sur la vraie vie d'une vraie personne. Ce sont toujours des moments marquants et parfois, ils deviennent de réels déclencheurs dans un parcours de réhabilitation. Pour André, les programmes de justice réparatrice sont très précieux parce qu'il a vu le bien que cela fait aux victimes.

Si je travaillais avec les victimes plutôt qu'avec les détenus, j'aurais la même compassion, les mêmes attitudes. Je connais beaucoup de victimes, je connais leur réalité.

On voudrait que les méchants soient maudits et que leurs victimes soient infiniment consolées. La vie serait tellement plus simple si on pouvait tracer une ligne entre les bons et les méchants. Mais la frontière n'est pas si évidente. *Je n'ai pas souvent rencontré de détenu qui n'avait pas été lui-même une victime dans son passé. Ça n'excuse pas leur geste, loin de là. Mais cela le place peut-être sous une lumière nouvelle. Peut-être même que ça installe un pont... Très souvent, les gars à Bordeaux m'ont raconté des sévices qu'ils ont subis, des coups reçus quand ils étaient enfants et bien d'autres brutalités et cruautés. En les ramenant à l'effet que ces gestes ont eu sur eux, je leur permets de faire le lien avec ce que la victime de leur délit a ressenti. C'est souvent la première fois qu'ils voient la question sous cet angle. Pour plusieurs, prendre conscience qu'ils ont fait aux autres ce qu'ils ne voulaient plus jamais qu'on leur fasse, c'est un moment critique.*

André prie pour les victimes, pour qu'elles trouvent la paix, le réconfort et la guérison. Plus on entre dans la vie des détenus, plus on se rend compte qu'ils ont tous été victimes à un moment ou à un autre. Puis ils sont devenus agresseurs à leur tour. Je sais bien que toutes les victimes ne deviennent pas des bourreaux et que le raisonnement a l'air un peu court. Mais un jour, un ex-détenu m'a dit : « Tu sais quoi, France ? On voudrait tous que les fautes de nos bourreaux soient punies, mais que les nôtres soient comprises. » Je n'ai jamais oublié.

CHAPITRE 5

THÉOLOGIE DE PRISON

*I*l n'est pas nécessaire d'avoir la foi pour travailler en prison. Mais on ne peut pas y passer trente-huit ans sans l'avoir. Voilà la réponse d'André quand on lui demande comment on arrive à faire autant de temps en prison. Mais quelle foi !

André n'a rien du curé sévère qui exhorte les gars de Bordeaux à rentrer dans le droit chemin. André, c'est un gars de *party* qui aime rire et boire du bon vin. Offrez-lui un bon vin et une assiette de fromage et il sera prêt à vous héberger pour la semaine ! Il est mordu d'architecture, appelle souvent sur les lignes ouvertes, écrit des lettres de protestation et se plaint chaque fois qu'il en a la chance. Le père Jean adore rigoler et a joué quelques tours ! C'est un amateur d'art qui pratique l'hypocondrie en dilettante avec beaucoup de talent. Il n'a jamais connu d'extase ni d'apparition de la Vierge. Il a une « tête de cochon » et un petit côté vraiment contrôlant. (Juste pour vous donner une idée, il me racontait récemment qu'il avait compris il y a seulement quelques années que ça ne servait à rien d'essayer de contrôler l'action de Dieu dans nos prières ; comme quand on dit *Mon Dieu, aide Pierre à se trouver une job* ou encore *Mon Dieu, fais-lui comprendre que…*).

Voyez-vous, il n'essaye pas de nous faire croire qu'il est parfait, même si plusieurs le pensent! Et c'est une des raisons qui font que je l'aime.

Le Dieu dont il a parlé toute sa vie, aux gars ou à ses amis, c'est un Dieu pour des hommes et des femmes ordinaires comme lui. Il dit lui-même qu'il n'aurait jamais pu être un curé de paroisse « dehors » : *Trop de gens te regardent dire la messe et vérifient que tu fais ça comme il faut. En prison, j'ai été libre! Libre de leur parler du Dieu qui m'habite.*

La théologie qu'il livre est si lumineuse et libératrice, sa vision de Dieu est si miséricordieuse qu'elle fait du bien. Comment expliquer autrement que presque une centaine de délinquants soient venus chaque semaine s'asseoir pendant deux heures dans cette chapelle? C'est que la foi qu'il propose est pleine de sens, ancrée dans la vie quotidienne, faite pour de vrais humains pleins de désirs et de peines, qui font des erreurs et ont peur. Pour des humains souffrants qui font de leur mieux.

RENONCER AU VIEUX BOUGON

Pour faire connaissance avec la théologie à laquelle ont été exposés les détenus de Bordeaux, il faut renoncer à l'image du vieux bonhomme bougon qui tient un grand-livre de comptes dans lequel s'inscrivent nos fautes et nos bons coups, mais où, quoi que l'on fasse, on se trouve toujours en déficit. Il faut effacer l'idée d'un Dieu qui punit et récompense. Nan! Renoncez au Dieu qui aime ceux qui croient en lui et soupire d'agacement devant l'entêtement de tous les autres. Quoi d'autre? Ah oui! une autre bêtise : le Dieu qui éprouve ceux qu'il aime et les « soumet à la tentation ».

En premier lieu, il faut savoir que Dieu n'attend pas que nous soyons parfaits. D'ailleurs, il n'attend rien de nous. Il nous aime infiniment, maintenant, tels que nous sommes. Il ne nous aimera pas davantage si jamais nous devenions meilleurs. André rappelle souvent que lorsque nous sortons de nos prisons de vanité, de dépendances de toutes sortes, de quête de pouvoir ; quand nous nous libérons de ces chaînes-là, Dieu ne nous aime pas davantage, mais nous nous aimons davantage. Et nous sentons plus facilement l'amour de Dieu pour nous. Nous sommes plus heureux. Et Dieu ne veut qu'une chose : que nous soyons heureux. Parce que rien de ce que nous faisons ou disons ou pensons ne peut altérer cet amour inconditionnel et parfait que Dieu a pour nous. Un jour, André explique aux gars que Dieu est en eux, vivant, réellement. Qu'il nous habite et que nous sommes donc la maison de Dieu, des tabernacles ambulants ! Il est heureux d'être là parce qu'il nous aime et qu'il a choisi d'être là. Nous sommes sa maison. Un des gars, Denis, secoue la tête et finit par déclarer que Dieu ne peut pas être en lui…

– À l'intérieur de moi, c'est plein de merde et ça pue, il fait noir et ça traîne partout. Viendriez-vous, vous, mon Père, dans une maison pleine de merde ?

– Non, moi, je n'irais pas. Mais sais-tu quoi ? Dieu va là où personne n'irait ; et il y va avec joie !

C'est de ce Dieu-là dont André est passionné.

LE CHRIST NOUS HABITE

André est au début de son travail d'aumônier, en 1969, quand il fait la « rencontre » de Catherine de Hueck, qui marquera profondément son ministère. Radio-Canada diffuse un documentaire sur elle en trois épisodes. Pour le jeune prêtre, l'engagement de cette femme envers les marginaux et les rejetés est tel qu'il en est bouleversé. Cette baronne russe, catholique de l'Église d'Orient, qui a connu Raspoutine et survécu à la révolution bolchévique en fuyant son pays, raconte comment elle se retrouve à New York, sans le sou et seule au monde. Elle va cogner aux portes des églises et des couvents, mais personne ne veut l'accueillir, sale et affamée comme elle l'est. Elle finit par se glisser sous un porche où scintillent dans la nuit ces mots en néon : « Jésus Sauve ». On la fait entrer, on l'oblige à se déshabiller devant tout le monde et on la pousse sous une douche sans rideaux. Les matrones la regardent en souriant et Catherine sent sa dignité s'écouler en même temps que la crasse sur son corps. « Comme on te méprise, Seigneur », murmure-t-elle. André est complètement bouleversé en voyant que pour Catherine, c'est le Christ qu'on humilie en l'humiliant, elle. Il lui écrit sans tarder et demande à la voir. Cette rencontre sera non seulement le début d'une grande amitié, mais aussi d'une longue relation spirituelle où André trouve nourriture, apaisement et inspiration. Il ira régulièrement à sa maison de Combermere, en Ontario, pour y faire le point et en reviendra chaque fois avec une vision encore plus claire de ce qu'il veut faire, de ce qu'il veut être. De ses échanges avec Catherine, il tire quelques certitudes qui ne le quitteront plus.

L'une d'elles, c'est que... *le Christ, c'est le pauvre, le malade, le prisonnier. Ce n'est pas un concept ou une idée. Non, pour de vrai. Il partage notre condition humaine à chaque instant. Il nous habite et poursuit son agonie en nous; il a le sida, le cancer, il tombe dans le coma à cause d'une mauvaise dose...*

Quand André est en face d'un gars, il n'oublie jamais que c'est le Christ qui se tient devant lui.

Au tout début de son ministère en prison, André va voir un gars qu'on vient de transférer dans la cellule des condamnés à mort et s'arrête, complètement bouleversé, devant l'image qui jaillit devant lui : le gars gît, les mains et les pieds attachés aux quatre coins du sommier sans matelas, nu et couvert de marques de coups. André s'avance dans le petit vestibule de la cellule et s'annonce : « Bonjour, je suis le père Jean. » Le détenu tourne la tête vers lui et dit : « J'ai soif. » Pour André, c'est le Christ en croix.

Le même Christ, présent dans chaque détenu, chaque agent correctionnel, chaque travailleuse sociale. Présent dans le pédophile, dans le travesti, dans le violent et aussi dans celui qui a peur et qui longe les murs. *Il y a eu des fois où c'était vraiment difficile pour moi, devant des gars qui me répugnaient, par exemple. Alors je fermais les yeux et je priais : « Seigneur, donne-moi la force de t'accueillir et de l'accueillir, lui. » Ça m'apaisait vraiment.* Mais pas une seule fois il n'a douté que le Christ, c'était eux tous.

Les détenus ont tant de raisons d'être touchés par le Christ, lui qui a commis de si nombreuses fautes aux yeux des coutumes du temps. *Jésus a reçu des impurs à sa table, a touché des lépreux, a pardonné à la femme adultère. Et tant d'autres fois où il n'a pas correspondu aux critères de « bien » de sa communauté ! Aujourd'hui, le Christ distribuerait peut-être des seringues dans le bas de la ville. Ce Jésus a tant bousculé la loi reconnue qu'on a fini par l'arrêter. Stoolé par un de ses* chums, *il est arrêté devant ceux qui l'aiment : sa famille, ses amis. Quand sa mère l'apprend, ne croyez-vous pas qu'elle est complètement bouleversée de peine et d'angoisse ?*

Oui, Jésus sait ce que c'est que de se faire arrêter et embarquer devant tout le monde. N'a-t-il pas subi un procès truqué d'avance? En prison, on appelle ça un *frame up*, et tout le monde connaît quelqu'un, qui connaît quelqu'un… Où étaient ses amis? Le meilleur d'entre eux l'a renié trois fois! Où était l'avocat de la défense? Et s'il avait eu assez d'argent pour acheter Pilate? Toute cette histoire résonne fort pour les détenus de Bordeaux. Et une fois sur la croix, agonisant, Jésus lance le cri qui s'est fracassé si souvent sur les murs des cellules froides et sales de Bordeaux : « Mon Dieu, pourquoi m'as-tu abandonné? »

Moi, j'ai vu Pierre, dix-huit ans, vomir d'angoisse sur le bord d'un mur trois jours seulement après son arrivée. J'ai vu Maurice, quarante-cinq ans et cinquième sentence, pleurer comme un enfant que j'ai consolé, parce qu'il ne se sentait plus capable de faire du temps.

Simon ne s'est-il pas tiré une balle dans la bouche en voyant arriver trois policiers dans le bar où il prenait une bière? Il ne voulait plus retourner en prison. Et les policiers ne venaient même pas pour lui… Et Patrick, qui s'est suicidé dans le C, le vendredi saint à 15 heures, sans même un mot. Et Jean-Pierre Lizotte, trente-six ans, avec un Baccalauréat en sociologie, une vingtaine de sentences, qui avait perdu la faculté de vivre en dehors de la prison, battu à mort sur un trottoir de Montréal…

André les connaît tous. Il les porte dans son cœur. Et chacune de ces vies est irremplaçable. Il les aime. Tous.

À PROPOS DU PÉCHÉ, DE LA JUSTICE ET DU PARDON

C'est l'amour qui importe donc avant la loi. Pour André, la foi, c'est vivre une relation personnelle d'amour avec la personne de Jésus ; pas avec un principe, pas avec des dogmes ni avec le Code de droit canonique. *Un père dominicain a déjà dit : « Jésus n'est pas venu sauver une Église ou une morale ; il est venu sauver les personnes ». À Bordeaux, j'avais instauré un parrainage spirituel de détenus avec les carmélites de Montréal. Elles acceptaient de correspondre avec un gars qui le demandait. Claude était l'un d'eux et avait demandé à rencontrer une dernière fois sa « marraine », sœur Murielle, qui se préparait à partir pour le Carmel de l'île Maurice. En apprenant que les autorités de la prison avaient refusé d'accorder la permission, la prieure du Carmel de Montréal, sœur Lucille, avait permis à sœur Murielle de sortir du cloître pour aller au Centre fédéral de formation à Laval voir son « filleul ». Je n'en revenais pas ! Quand je lui ai demandé comment elle pouvait permettre ainsi de transgresser la règle du cloître, elle m'avait répondu : « La charité passe avant la règle. »*

Quand il était jeune aumônier dans les hôpitaux, on lui a déjà demandé : « Qui a péché pour que je sois malade, moi ou mes parents ? » André ouvre de grands yeux et déclare que personne n'a péché ! *Ça n'a rien à voir avec Dieu ! C'est la condition humaine, un point c'est tout.* Ainsi, Dieu ne punit ni n'éprouve personne. Le péché ? André aime beaucoup la réponse de monseigneur Gaillot : « Le péché, c'est tout ce qu'on fait qui nous détruit nous-mêmes, ou qui détruit les autres. » *Dieu nous a faits libres,* explique André. *Il ne veut pas le mal, mais il veut la liberté, même si ça veut dire que le mal est alors possible. On n'est pas des marionnettes dans les mains de Dieu ! Mais en même temps, on n'est jamais parfaitement libres. Quand on est en détresse, est-ce* qu'on est totalement libres ? Et quand on a peur ? Je ne crois pas.

Et l'enfer ? *J'y crois*, répond André, *mais il n'y a personne dedans. Tout simplement parce que Dieu n'y envoie personne, c'est impossible. Il nous veut heureux. Il ne punit pas. Jamais. L'enfer, pour moi, c'est le refus d'accueillir l'amour de Dieu. Et quand on sera devant Dieu à ressentir cet incroyable amour inconditionnel, qui pourrait bien le refuser ?* Oui, je sais, il faut s'habituer à ce Dieu aimant. Je vois bien que vous aviez une petite rechute, là. Préparez-vous à un autre choc… Le pardon est accordé à l'avance.

Quand un gars demande à parler à André pour une confidence, avouer quelque chose ou n'importe quoi qui s'approche d'une confession, souvent André lui dit qu'avant même qu'il n'entre, qu'il était déjà pardonné. *Le pardon est déjà dans le désir de pardon. On est pardonné rien que par notre désir de l'être. Le pardon de Dieu, c'est comme les fruits d'un arbre : ils sont offerts, on n'a qu'à les cueillir. En fait, c'est ça qui est le plus difficile : accueillir le pardon. Quand on se sent vraiment mal d'avoir fait quelque chose, le plus dur, c'est de recevoir le pardon. On est pardonné d'avance. En mourant sur la croix, Jésus a pardonné tous les péchés, depuis la création du monde jusqu'à la fin des temps. Thérèse d'Avila disait que le désir d'aimer, c'est déjà l'amour présent en nous.*

Bon, mais quand même… est-ce que ce n'est pas un peu hasardeux de répéter chaque semaine à deux mille détenus que le pardon de Dieu est accordé à l'avance ? Qu'est-ce qui les empêche de retomber, si on est pardonné d'avance ? Rien. *Dieu ne punit pas, ni ne se venge. Il sait qu'on va tous retomber ; nous tout autant que les détenus. Pas grave. Ça ne change rien à son amour. C'est pour nous que le pardon change quelque chose ; on se sent aimé alors, on se sent compris et porté. Lui, il veut qu'on soit heureux, pas qu'on soit parfait! Le plus dur, c'est vraiment de l'accueillir.* On manque d'humilité la plupart du temps et on continue de se dire qu'on n'aurait pas dû faire ça, qu'on aurait dû être meilleur que ça. Dieu, lui, nous prend exactement comme on est. Il ne croit pas qu'on « aurait dû faire mieux ». Il nous aime infiniment, point. André n'a jamais oublié que sœur Aline, une vieille carmélite qui l'a tant soutenu lors de sa dépression, répétait que la culpabilité morbide, ce n'est pas chrétien. Ce qui est chrétien, c'est le regret sincère.

Ça vous en bouche un coin, non ? Durant la messe, chaque dimanche, André entendait les confessions. Il devait bien y avoir plus de cent gars dans la chapelle et au moment où André annonce la célébration du pardon, il explique la procédure :

— *Pour ceux qui voudraient participer à la célébration du pardon, vous n'avez qu'à vous lever et à venir vers moi. Si vous ne savez pas quoi dire, vous pouvez dire tout simplement : « Seigneur, je reconnais que tu es un Dieu d'Amour et je me reconnais pécheur. »*

Il y avait rarement moins d'une trentaine de gars qui se levaient. Il est difficile de décrire l'effet que ça fait de voir tous ces grands gars tatoués se placer en ligne pour recevoir le pardon. Et André les recevait un à un ; ça prendra le temps que ça prendra. Parfois, il entendait des choses remarquables et parfois aussi, de terribles confessions. Sa réponse était toujours personnelle et se terminait de la même façon pour chacun et chacune, prisonniers ou bénévoles. Posant sa main sur la tête de la personne, André prononçait les paroles qui m'ont si souvent émue : *Dans la tendresse de Dieu qui est en toi pour te transfigurer, par cet amour infini de Dieu qui veut te faire grandir, tous tes péchés te sont pardonnés. Va en paix.*

Parfois, cette démarche de confession mène à d'autres pardons. Gabriel était un détenu qui assistait à la messe chaque dimanche à la chapelle, mais sans jamais se lever pour participer à la cérémonie du pardon. *Un jour, il s'est levé pour se mettre en ligne avec les autres et une fois placé devant moi, il a déclaré : « C'est aujourd'hui le jour du pardon. Je veux vous voir après la messe. » Et là, quand je suis allé le voir dans sa cellule, il m'a demandé de téléphoner à sa femme qui était incarcérée pour meurtre à Tanguay, la prison des femmes. « Vous lui direz que je lui pardonne d'avoir tué notre fils de deux ans. » N'est-ce pas incroyable !?*

ADRIEN LEBEAU

Quand on entre dans la chapelle à Bordeaux, on peut voir sur le mur, à gauche de l'autel, une lithographie de saint Dismas. C'est celui qui se trouvait à la gauche du Christ quand il a été crucifié. C'est celui qui a dit : « Souviens-toi de moi lorsque tu seras dans ton royaume. » Et Jésus lui a répondu : « Aujourd'hui même, tu seras au paradis avec moi ! » Pour les gars de Bordeaux, saint Dismas est important, parce qu'il est la preuve que tu peux être un bandit et que Jésus te veut quand même dans sa *gang*.

À côté de cette lithographie, on peut voir une mauvaise photo en noir et blanc, qui a d'abord été photocopiée puis tellement agrandie qu'on en voit distinctement le grain. Elle a été tirée du journal *Photo Police*. C'est la photo d'Adrien Lebeau, exécuté par pendaison à la prison de Bordeaux le 22 juillet 1955. Adrien est un bandit ordinaire qui a été condamné pour complicité de meurtre parce que son partenaire de braquage a tué le gérant de la caisse populaire. Il a connu une véritable conversion dans le couloir des condamnés à mort. Un jour, il faudra publier les lettres qu'il a échangées en secret avec une dame qu'il n'a jamais vue, mais à qui son gardien de prison avait demandé de prier « pour un prisonnier qui sera exécuté ». Cette dame s'appelait Rolande Hémond. Le gardien cachait ses lettres dans sa chaussure, sachant très bien qu'il perdrait son emploi si l'on découvrait la chose. Les condamnés à mort avaient le temps de se préparer à mourir, et beaucoup ont connu une conversion remarquable. On les appelait les « voleurs de ciel », parce qu'ils mouraient dans un tel état de grâce que personne ne doutait qu'ils allaient directement au ciel. Alors pour le pauvre monde qui peinait chaque jour « dans le droit chemin », ces criminels « volaient » leur place au ciel. On n'a qu'à penser à Carla Tucker, exécutée sereine et radieuse, aux États-Unis, il y a quelques années à peine. Ces hommes et ces femmes sont parfaitement prêts à mourir. Tellement que, quand on a aboli la peine de mort ici, Réal Chartrand, qui devait être exécuté quelques semaines plus tard, a supplié ses gardiens de l'exécuter quand même. Il ne voulait plus quitter sa cellule et il aura fallu qu'André aille lui parler longuement pour l'apaiser et le convaincre de partir pour le pénitencier.

Adrien Lebeau s'est avancé calmement vers le gibet en chuchotant : « Bonne Sainte Vierge, bonne Sainte Vierge, venez me chercher. » André a appris toute cette histoire dans les années soixante-dix, quand une carmélite lui dit qu'une dame voudrait bien le rencontrer. C'était Rolande Hémond. Elle voulait lui remettre les lettres et lui raconter toute l'histoire.

Dans son homélie du 1er novembre 1992, André voulait parler des saints pour que les gars comprennent que ce ne sont pas des gens parfaits. *Pas besoin d'aller en chercher loin des saints, les gars! Il y en a ici même, dans cette prison!* Et il s'est mis à leur raconter l'histoire d'Adrien. Un des gars s'est levé et a demandé spontanément pourquoi Adrien ne pourrait pas être leur Saint Patron. André a trouvé l'idée géniale. Il s'est tourné vers la communauté, bénévoles et détenus rassemblés, et nous a demandé si tout le monde était d'accord pour le canoniser. Nous avons répondu oui à l'unisson. Il a demandé si quelqu'un s'y opposait. Silence total. Et c'est ainsi que l'aumônier de Bordeaux a fait économiser des milliers d'heures d'enquête et au moins trois cents milles dollars en frais de procès de canonisation à l'Église catholique romaine! Pas même un petit détour par la béatification! Le cardinal Turcotte, mis au fait de la procédure par l'indiscrétion d'une bénévole lors d'une rencontre avec les détenus, aura ce mot : « Les saints d'aujourd'hui, c'est ceux-là, les gars. » Voilà un homme de Dieu et non pas de dogme. Comme je les aime.

DE LA COMMUNION

Un jour, une bénévole se précipite vers André en désignant un gars en particulier, déclarant qu'il ne doit pas communier puisqu'il ne s'est pas confessé avant. C'était bien mal comprendre ce qu'est la communion pour le père Jean. Le Dieu vengeur n'existe pas. Dieu est amour. Et c'est l'amour qui doit nous guider, avant les règles, les dogmes ou la morale.

André a souvent répété qu'*on ne va pas à l'eucharistie parce qu'on est des saints ou parce qu'on est purs; on y va parce qu'on est* fuckés. *L'eucharistie, c'est le sacrement des* fuckés *de la vie, des blessés de la vie. Il me semble qu'on ne peut pas refuser la communion à quelqu'un. C'est le désir de Jésus de se donner! Quand je donne la communion, je me dis toujours : comme Notre Seigneur doit être heureux! Plus on est tout croche, plus on est souffrants, blessés, bref plus on est pécheurs, plus il faut venir communier! C'est la nourriture, la force même du Christ. C'est pour ça que j'ai tant de misère avec la loi dans l'Église qui interdit aux personnes divorcées et remariées de communier... C'est dit partout que la prière pardonne les péchés, que les œuvres de charité pardonnent les péchés. Je ne l'invente pas, ça! Le concile de Trente disait déjà que l'eucharistie efface tous les péchés, aussi graves soient-ils[2]!*

Peut-être est-il effectivement écrit quelque part qu'on ne peut pas communier si on ne s'est pas d'abord confessé de tous ses péchés. Vous aurez compris qu'André ne s'est pas « enfargé » dans ce texte-là et en a préféré d'autres. Pour lui, il est impossible que le Christ ne soit pas fou de joie que nous le recevions, tels que nous sommes. Pas juste heureux, fou de joie! Même si la personne n'est pas toujours consciente que c'est le corps du Christ qu'elle reçoit, il est heureux de voir qu'elle prend la peine de venir le recevoir. En prison, André n'a jamais eu d'hésitation à donner la communion à qui la demandait. « *Tous ceux-là qui souhaitent recevoir le Christ pour aller mieux, vers tous ceux-là qui espèrent dans cette eucharistie, il court vers eux avec joie! Et jamais, en trente-huit ans, je n'ai vu un gars venir communier en niaisant ou en se moquant. Jamais.* Moi non plus. Pour les gars, la communion, c'est sérieux. Ils reconnaissent le sens sacré de ce geste.

Un jour, André célèbre les funérailles d'un motard. La cérémonie a lieu au salon funéraire et André donne la communion. Il voit s'approcher la blonde de celui qui repose dans le cercueil. Elle est tellement « gelée » que

---

2. Référence : *DS no1743*

deux motards doivent la soutenir pour qu'elle se rende jusqu'à André. Elle lève les yeux vers lui et avec une immense tristesse demande : « Je peux-tu en avoir, moi aussi ? » André n'a pas une seule seconde d'hésitation : *J'ai senti que le Seigneur disait : encore plus pour toi, ma belle enfant ! Ta peine est tellement, tellement grande !*

Combien de fois l'ai-je entendu dire dans ses homélies que la communion était faite pour les *fuckés*. *Plus on se sent* fucké, *plus il faut venir communier ! C'est saint Augustin qui disait : « Tu pèches tous les jours, communie tous les jours ». Et je m'inclus dans la famille des* fuckés *; c'est pour ça que je communie tous les jours.*

André est prêt à faire beaucoup pour permettre à un gars qui veut communier de le faire. Un jour, il célèbre la messe dehors dans la cour avec un groupe de détenus. Arrive le moment de la communion. Un détenu, qu'on appelait Gracieuse, appelle le père Jean de la fenêtre de sa cellule au troisième étage. Il avait suivi la messe avec son petit miroir et il voulait communier lui aussi. André se demande bien comment on pourrait faire… Il lui suggère de se fabriquer un « cheval[3] » avec une enveloppe et de mettre un kleenex dans l'enveloppe pour recevoir l'hostie. *Ça m'a fait penser à l'histoire du paralytique dans l'évangile ; ils l'ont descendu par le toit parce qu'il y avait trop de monde dans la maison. Et en voyant sa foi, Jésus l'a guéri. Ce jour-là, à Bordeaux, Jésus est monté dans une cellule dans une enveloppe pour aller se donner à quelqu'un.*

Il lui est arrivé de glisser l'hostie entre des barreaux, de la faire passer sous une porte, sur un vieux formulaire, sur un « cheval » lancé du troisième étage. Il l'a distribuée dans le trou du « A », qui sentait si fort la pisse que ça vous cou-

---

3.   Il s'agit d'une ficelle au bout de laquelle on attache ce qu'on veut envoyer dans une autre cellule. On fait balancer la ficelle avec un bâton jusqu'à ce que le détenu à qui on veut l'envoyer l'attrape.

pait le souffle. Il l'a donnée aux malades de Pinel, attachés sur leur lit. Il l'a donnée aux « plottes de gaffe » que sont les travestis prostitués en prison. Il l'a donnée à tous ceux qui l'ont demandée.

C'est saint Thomas d'Aquin qui dit qu'il faut suivre sa conscience. Si toute l'Église est contre toi, dit-il, alors que ta conscience te dicte un geste à poser, alors suit ta conscience.

C'est l'amour qui importe, avant tout.

Je n'oublierai jamais la messe de Noël de 1997. Déjà, une messe de Noël le soir du 24 décembre dans une prison, c'est toujours particulier. La peine et la détresse sont décuplées, et beaucoup plus de gars que d'habitude montent à la chapelle pour assister à la messe. Ce soir-là, il devait bien y avoir une centaine de gars. Nous étions un peu tassés, mais jamais on n'aurait même eu l'idée de refuser quelqu'un ! J'avais amené mes trois enfants : Joël avait huit ans, Raphaëlle venait d'avoir quatre ans et Jérémie n'avait pas encore deux ans. Leur présence était pour les détenus comme une pluie fraîche dans une traversée du désert. Les deux plus vieux couraient et jouaient aux *Légos* aux pieds d'André pendant l'homélie. Et puis vient la communion, qui était toujours donnée par les bénévoles. Pendant ce temps-là, André se retirait sur une chaise, en recueillement. Mes deux plus vieux viennent me voir pour me demander s'ils peuvent communier eux aussi. Ils n'avaient pas fait leur Première communion et Raphaëlle était bien trop jeune, de toute façon, mais je vais voir André dans son recueillement et je lui fais part de la requête de mes enfants. Avec un grand sourire, il dit : « Laissez venir à moi les petits enfants. » Et c'est ce qu'on a fait. Quand la communion a été terminée, André s'est levé et a déclaré : *Les gars, on vient de vivre un grand moment. Ici, juste mainte-nant, dans cette nuit de Noël, deux petits enfants ont fait leur Première communion avec vous!* Tout le monde s'est levé debout d'un seul coup, en applaudissant et en criant! Mes enfants ont été soulevés dans les airs et portés par chacun à bout de bras, en faisant le tour de la chapelle, pendant que cette incroyable chorale spontanée entamait le *Glory, Glory, Alléluia*. C'était extraordinairement impressionnant et je ne doute pas que tous les gars et les bénévoles qui y étaient s'en souviennent encore aujourd'hui.

J'ÉTAIS EN PRISON...

J'ai eu faim et vous m'avez donné à manger ;
j'ai eu soif et vous m'avez donné à boire ;
j'étais un étranger et vous m'avez recueilli ;
nu, et vous m'avez vêtu ;
malade, et vous m'avez visité ;
en prison, et vous êtes venus à moi.
(Matthieu *25, 35-36*)

Il faut avoir entendu André pour réaliser à quel point ces mots ne sont pas des paraboles pour lui, pas simplement une belle idée. *T'as vu, s'écrie-t-il, c'est pas un concept, ça! Vous êtes venus à moi! Venus jusqu'à moi! Y'en a une gang qui vont être surpris l'autre bord quand le Christ va leur dire ça. Mais quand est-ce qu'on a fait ça? On ne savait même pas que tu existes! Chaque fois que vous l'avez fait à l'un de ces petits, c'est à moi que vous l'avez fait. Au Darfour, en Irak; dans les rues de Montréal, j'étais couché sur le trottoir et tu as déposé un dollar dans mon verre en carton; en Afghanistan quand t'as pris ma main alors que j'étais une enfant de trois ans perdue dans les bombardements. C'était moi! Chaque fois, c'était moi. Entre donc dans la joie du Père! Remarque bien, il ne dit pas c'est comme si vous me l'aviez fait. Non. C'est à moi que vous l'avez fait.* André considère que ce message s'adresse à tout le monde, pas seulement aux chrétiens. Il aime raconter que la petite Thérèse (sainte Thérèse de l'Enfant-Jésus) écrivait qu'au ciel, on se reconnaîtra tous parce qu'on se doit tous quelque chose. On va croiser un moine bouddhiste et on va se tomber dans les bras : mais oui, quand tu as prié avec tant de compassion dans ton Tibet natal, c'est moi que tu as aidé! Un jour, pendant la messe, André demande aux gars si quelques-uns d'entre eux accepteraient de donner des cigarettes parce qu'un détenu en protection n'en a plus du tout. Il faut savoir que personne ne veut de contact avec les gars en protection[4]. Le silence est lourd puis, soudainement, Robert se lève et, devant tout le monde, donne trois cigarettes à André. C'est la stupéfaction générale. André le regarde dans les yeux et lui dit : *Quand tu vas mourir, le Seigneur va t'accueillir en te disant : une fois, j'ai eu envie de fumer et tu m'as donné tes cigarettes. Entre dans la joie du Père.*

André a souvent répété aux gars que ce n'est pas la croix qui fait le chrétien! *C'est l'amour qu'on se porte les uns les autres. Il faut vivre l'Évangile ici, maintenant, quand vous retournerez dans vos secteurs. Vous pensez que c'est difficile ici ? C'est difficile partout.* Mais il nous faut au moins essayer de notre mieux.

---

4. La protection, c'est un secteur de la prison où l'on incarcère, très souvent à leur propre demande, les détenus qui ne peuvent pas avoir de contact avec les autres. C'est le cas des pédophiles, des batteurs de vieille dame et des violeurs. C'est aussi le cas des détenus qui ont contracté des dettes mais sont incapables de les rembourser. Les gars doivent alors demeurer en cellule vingt-trois heures sur vingt-quatre. Dans tous les cas, la protection c'est la honte et personne ne veut de lien avec quelqu'un en protection. Même les bons amis rompent les liens. Même quand un détenu demande à être placé en protection, il le fait toujours parce qu'il y est obligé, la plupart du temps parce qu'un autre détenu l'a menacé de sévices.

Quand tu n'as jamais été aimé, explique-t-il, *quand tu ne t'es jamais fait dire qu'on t'aimait, comment peux-tu croire en l'amour de Dieu ? Comment peut-on leur présenter un Dieu qui est Père alors que leur père était un pauvre gars qui les a violés, battus, abandonnés !* André leur disait souvent de penser à une personne signifiante dans leur vie, un *chum,* une blonde, leur mère peut-être, ou quelqu'un d'autre. Il leur disait de penser à quelqu'un qui avait été bon pour eux, même si ça n'avait pas duré longtemps. *Et alors, dites-vous que Dieu est la bonté et l'amitié infinies de cette personne-là.* André a voulu être cette personne-là pour tous ceux qui n'en avaient pas d'autre. Et ils sont nombreux.

La pastorale de Bordeaux offre aux détenus des croix de bois, toutes petites et toutes simples, retenue par une ficelle. Pour les gars, cette croix est importante et beaucoup la conservent avec soin. Je crois que c'est parce qu'elle représente leur expérience spirituelle en prison.

Un détenu m'a raconté un jour qu'au moment où il se faisait tirer dessus dans un règlement de compte, il avait eu la certitude d'y rester. Il avait pris la petite croix de bois dans sa main et avait demandé pardon à Dieu pour tout le mal qu'il avait fait. Voyez-vous, s'il était mort, le lendemain dans les journaux on aurait écrit : « Un cochon de moins. » Alors qu'en fait, ça aurait fait un saint de plus au ciel.

André leur donnait cette croix en leur rappelant qu'ils valent plus que cette croix ; parce que Dieu est en eux et qu'ils sont des êtres sacrés. *Ce n'est pas la croix ou l'étole qui fait le chrétien, c'est l'amour. Quand bien même j'aurais une tiare, une crosse ou vingt-cinq soutanes sur moi, si je n'ai pas l'amour, je ne suis pas chrétien.*

Pour André, on doit être fidèle au Christ, pas à une structure ou à des dogmes. Là-dessus, il aime rappeler ce texte de saint Jean Chrysostome : « Voulez-vous donc honorer le corps de Jésus-Christ ? Ne le méprisez pas, lorsqu'il est nu. Et pendant qu'en cette église vous le couvrez d'étoffes de soie, ne lui laissez pas souffrir ailleurs le froid et la nudité. Dieu, comme je vous l'ai déjà dit, ne cherche point des vases d'argent, mais des âmes d'or. À quoi lui sert toute cette magnificence, lorsque vous le laissez gémir dans une prison, sans même aller le visiter ? Lors donc que vous ornez vos temples, ne méprisez pas les pauvres, qui sont des temples bien plus excellents. »[5]

Ça ne veut pas dire qu'il faut fermer les prisons ! Ça veut dire qu'il faut combler les besoins humains avant de parler de Dieu. Ça veut dire qu'il faut s'occuper de ce qui rend les humains malheureux, les prisons intérieures.

Un jour, André fait venir un motard dans son bureau pour lui annoncer le suicide de sa toute jeune femme de vingt-trois ans. Il faut savoir que certains motards ont beaucoup plus d'affection pour leur moto que pour leur femme. André ne s'attend pas à une grosse réaction, mais c'est tout le contraire : le gars s'effondre en larmes, complètement défait ; il ne cesse de répéter : « Pourquoi t'as fait ça ? » Il est dans une telle détresse qu'André doit le garder pendant une heure et demie avec lui. Et il prie en silence : « Seigneur, fais quelque chose pour lui. » Au moment de repartir en cellule, le motard demande à André s'il a les yeux rouges ; il ne veut pas rentrer dans le secteur comme ça. André le rassure et lui dit que chaque fois qu'il aura le goût de pleurer, il n'aura qu'à demander à le voir. Et c'est ce que le motard a fait... jusqu'à ce qu'il trouve assez de pilules pour geler tout ça. Le mot Dieu n'a pas été prononcé une

---

5.   Homélie sur l'Évangile de Matthieu, 50, 3-4

seule fois au cours de ces rencontres. Pourtant, qui peut croire un seul instant qu'il s'agissait d'autre chose? C'est ça, délivrer les prisonniers avant d'étendre de belles nappes sur les autels.

La foi n'enlève pas la souffrance, explique André. *La foi ne règle pas tous les problèmes. Mais elle nous permet de voir les événements avec un autre œil et de comprendre que Dieu habite notre souffrance. Il est là, dans la souffrance; il l'a connue cette souffrance. Dans son cri sur la croix, « Père, pourquoi m'as-tu abandonné? » il y a le cri de tous ceux et celles qui se sentent abandonnés. C'est le cri de toute l'humanité! Quand on lâche prise et qu'on s'en remet à lui, ça nous apaise. On se rappelle alors qu'on n'est plus seul dans cette souffrance.*

Mais André sait bien qu'on a souvent besoin de voir s'incarner l'amour de Dieu. L'idée que le Christ nous accompagne dans nos joies et nos souffrances, même si c'est une certitude inébranlable, ça ne suffit pas. Parce que nous ne sommes pas de purs esprits, nous avons besoin de « le voir pour vrai ». Il voit son ministère comme ce témoignage vivant de l'amour de Dieu pour les humains. Il veut être ce canal qui va permettre aux hommes et aux femmes qu'il croise de se sentir aimés, portés, compris, accueillis.

Gerry Charlebois était un beau grand boxeur de vingt-deux ans à l'époque. Un colosse aux mains d'acier avec un tout petit seuil de tolérance. Au milieu de l'après-midi, il apprend que sa femme vient de se faire arrêter. Terriblement inquiet pour son petit garçon, il demande à un gardien s'il peut téléphoner chez lui. Le gardien lui refuse ce privilège. Alors, Gerry « pète les plombs ». Il va jusqu'à sa cellule et arrache son lavabo, sa toilette, sa case. Il casse une chaise de fer en cinq morceaux. L'eau pisse de partout et Gerry hurle comme un dément. Les gardes enfilent leurs vestes et leur bouclier et annoncent dans le mégaphone qu'ils vont venir le chercher. Gerry se tient debout au milieu du secteur, un barreau de la chaise de fer dans chaque main.

— Venez, mes *tabarnacs de câlisse*; mais avant de me pogner, vous allez avoir du trouble!

Il est prêt à tuer, tout le monde s'en rend compte. Un gardien lui demande s'il voudrait parler à quelqu'un. Gerry demande à voir le père Jean. André arrive, jauge la situation et leur dit : « Parfait. Laissez-moi, je vais parler avec lui. » Le père Jean n'a pas peur du tout. Il connaît bien Gerry et l'aime beaucoup. Surtout, il sait que Gerry a confiance en lui. Pour l'instant, le service des repas de tout le secteur est retardé; on a mis tous les autres détenus en *dead lock*; les gardiens sont prêts à l'intervention. Gerry hurle toujours en descendant tous les saints du ciel.

André lui parle doucement :

— Écoute, Gerry, tu sais que tu ne pourras pas sortir d'ici avec tout ce qui se passe. Arrête de crier et on va se parler.

Gerry se calme et lui raconte l'arrestation de sa femme et son inquiétude pour son fils. Au bout de quinze minutes, il avoue qu'il ne veut pas se rendre parce que les gardes vont le menotter et le frapper. André lui donne sa parole qu'il ira négocier pour lui, pour qu'il ne lui arrive rien. *Ils vont te mettre dans le trou, mais je vais y aller avec toi. Là, il faut y aller parce qu'il y a eu assez de saccage.* Il s'en va donc négocier auprès du chef de la sécurité :

— Je vous en supplie, je vais descendre avec lui dans le trou, mais ne lui mettez pas de menottes. Faites une escorte si vous voulez, je vais rester tout le temps à côté de lui.

Le chef accepte et il faut ici lui rendre hommage. Aujourd'hui, ça ne se passerait plus du tout comme cela. On ne prendrait pas la peine de demander à Gerry s'il veut parler à quelqu'un. Aujourd'hui, le gros bon sens du chef ne pourrait pas être utilisé pour dénouer la crise. Non, on suivrait le protocole : boucliers, formation, assaut. Il y a pourtant encore beaucoup d'hommes et de femmes de bonne volonté à porter l'uniforme dans cette prison, et je suis désolée de voir qu'ils peuvent de moins en moins agir et rayonner.

André escorte Gerry jusqu'au trou et là, une fois la porte verrouillée, les gardes lui annoncent qu'il passera à la *discipline*[6]. La crise reprend. André apaise Gerry, puis celui-ci redemande aux gardes d'appeler chez lui. Devant ce nouveau refus, la crise redémarre pour la troisième fois. André se tient collé sur les barreaux de la porte.

— Regarde-moi, Gerry, crie André. Regarde-moi et prends mes mains. Crie ta rage, mon grand, je reste là avec toi. Sors tout ce que t'as à sortir, mais regarde-moi. Je suis avec toi.

L'écume coule des lèvres de Gerry et ses mains de combattant sont en train de broyer les doigts du père Jean. Ses cris sont gravés dans la mémoire de l'aumônier. Arrivé au bout de sa rage, Gerry tombe littéralement, épuisé.

— As-tu dit tout ce que tu voulais dire, mon Gerry ?

---

6. Il s'agit d'un comité de sécurité qui juge et punit les délits commis en prison.

– Oui.

– Je vais appeler, moi. Je vais le trouver, ton fils, et je vais venir te donner des nouvelles. Je vais aussi trouver un numéro où tu pourras l'appeler.

Et c'est exactement ce qu'il fait. Il veut être la tendresse de Dieu.

La crise avait duré quatre heures. Arrivé chez lui, André va directement dans sa petite chapelle. Il est vidé et troublé. Bouleversé par tant de souffrances. Devant le Saint-Sacrement, il dit : *Mon Dieu, moi, je n'en peux plus. J'ai les deux épaules au plancher. Prend tout ça parce que moi, je ne suis plus capable.* Et *Dieu fait sa job*, comme dit André. Il est apaisé sur-le-champ.

Pas de *débriefing* pour le curé à cette époque. Ni pour personne d'ailleurs.

Un matin, on appelle André parce qu'un homme vient de se lancer du troisième étage, la tête la première. Le crâne a éclaté, les morceaux sont éparpillés autour du corps. On soulève le drap et André trouve un moyen de lui administrer l'extrême-onction. L'image s'imprègne dans sa tête et le bouleverse tant qu'il chancèle. Une fois la cérémonie terminée, André quitte la prison et va dîner chez Michel, son « fils adoptif ». Après la soupe et les sandwichs, il fait un peu de pâte à modeler avec Félix, le jeune fils de trois ans de Michel. Le petit est souriant et joyeux ; ça fait du bien à André.

Encore une fois, pas de *débriefing*. Pour personne. Tous les autres témoins de l'événement ont obtenu des congés immédiats. André, lui, est simplement retourné à la prison l'après-midi même, finir une autre journée au cœur de la détresse des hommes. Comme si les prêtres n'étaient pas des humains.

DANS LA JOIE DE DIEU

André n'est pas un intellectuel et ne veut pas l'être. Une théologie qui reste dans les nuages n'est pas ce qui l'intéresse le plus. Il est un praticien. C'est l'amour et la foi qui l'intéressent. Et la sienne est faite de beaucoup de petites joies de la vie quotidienne. J'ai régulièrement amené mes enfants en prison pour les grandes célébrations. Ils étaient tout petits et les gars étaient toujours tellement touchés d'être approchés par un jeune enfant! Un jour, une des religieuses se désole de voir que les gars s'intéressent plus à mes enfants qu'à l'homélie et suggère que je ne les amène plus. André répond sans attendre que les gars ont bien raison, et que la joie de Dieu est davantage présente dans ces enfants-là qui courent et rient pendant la messe que dans l'homélie d'un curé. Dieu est donc dans tous les fous rires...

La vie en prison est aussi pleine de joie! Et André adore raconter les histoires drôles qu'il a vues. Par exemple, le jour où il a oublié deux gars dans la chapelle et qu'en attendant d'être délivrés, ils ont dû uriner dans une plante. Comme elle dépérissait à vue d'œil les jours suivants, les gars ont dit au Père : « Peut-être qu'elle a reçu un peu trop d'eau bénite! »

Une autre fois, il y a bien longtemps, un détenu venu téléphoner dans le bureau d'André raccroche en étant encore plus déprimé qu'à son arrivée. Ne faisant ni une ni deux, il passe derrière André et se lance par la fenêtre. Le bureau est au premier étage et le gars ne se blesse pas. Mais plusieurs détenus ont vu l'incident de la fenêtre de leur cellule et on les entend crier : « Le père Jean a sacré un gars par la fenêtre ! Je l'ai vu, le père Jean l'a sacré en bas ! »

L'humour d'André a permis de dénouer bien des crises. Le 29 avril 1992, les détenus d'un secteur arrivent à percer le mur du sous-sol et traversent rejoindre l'autre secteur. L'émeute éclate. Incendie, saccage de tout, agressions physiques ; il faut vite déplacer les gars pour éviter que l'émeute gagne toute la prison. Arthur Fauteux, le directeur à l'époque, demande à André de venir aider pour transférer les détenus vers un autre secteur. Au milieu du chaos, le Padré est chargé d'accueillir les gars dans le nouveau secteur. Ils arrivent vraiment ébranlés et apeurés. André se met alors à faire semblant de parler italien en énumérant des noms d'églises qu'il a visitées en Italie : « Santa Maria della Cuccina... Santa Chrisogone !... Santo Christos... » Devant un vieil italien qui refuse de se lever, il lève la main devant lui et déclare : « Prends ton grabat et marche ! »

André est un pince-sans-rire. Une autre fois, dans une homélie où il parle encore une fois de l'amour de Dieu : *Vous savez les gars, Dieu est tellement bon qu'il aime même les Anglais ! Ils vont tous aller au ciel ! Évidemment, ils seront assis derrière une colonne et devront se pencher pour l'éternité...*

LE DIEU DE L'IMPOSSIBLE

André croit dans le Dieu de l'impossible. *Quand mon regard humain croit que tout est fini, c'est alors que tout devient possible pour Dieu.* J'ai vu tant de fois l'impossible se produire en prison ! Tant de fois !

Un jour, un détenu vient voir André...

– Père Jean, je boite et je suis devenu épileptique à cause
d'un gars dehors. Je veux le tuer. C'est le même gars qui
m'a *stoolé*, pis je pourrai jamais lui pardonner.

– C'est normal, mon Denis, lui répond André. Pardonner
aux autres, c'est une grâce, ce n'est pas un effort de
volonté. Si tu veux, on va prier pour que tu obtiennes la
grâce du pardon. Communie, prie, et après penses-y
plus; « garroche » tout ça dans le cœur de Dieu. Sinon,
tu vas vouloir le tuer encore plus.

Denis est d'accord et fait ce qu'André lui suggère. Des
semaines passent, des mois passent et chaque dimanche, il
dit au père Jean que sa grâce n'est pas encore arrivée!
Celui-ci lui assure que, s'il la demande vraiment, elle va
finir par venir. Au lendemain des vacances des fêtes, André
revient et Denis demande à le voir.

– J'ai eu ma grâce du pardon, mon Père! Je sais pas comment ça se fait au juste... je suis entré à la messe du jour
de l'An et d'un seul coup, j'ai senti toute la haine se retirer de moi. J'ai senti une paix profonde. J'ai eu de la
compassion pour ce gars-là et même, je me suis mis à
pleurer en pensant à quel point il devait avoir peur de
moi quand je sortirais.

Le plus incroyable, c'est qu'il est tout de suite allé au poste
de garde demander s'il pouvait faire un appel important.
Sans rien lui dire de son expérience spirituelle, Denis
annonce à l'autre qu'il n'avait plus à avoir peur, qu'il ne lui
en voulait plus. L'autre ne l'a pas cru, évidemment. Un an
plus tard, André a revu Denis qui avait tant prié et
patienté pour obtenir la grâce du pardon et il n'en voulait
toujours pas à son agresseur.

Je sais qu'un membre des Hell's, actuellement en attente de procès, a avec André des échanges épistolaires. Ses lettres, que j'ai lues, sont d'une profondeur incroyable. Cet homme rêve d'aller construire des écoles dans un pays pauvre du Sud, pour réparer le mal qu'il a fait.

Frank Cotroni a été condamné à la prison parce qu'un homme de son propre clan a accepté de témoigner contre lui. Il s'agissait de quelqu'un de très proche, et cette trahison avait été terrible pour Cotroni. Après la mort de son fils Paul, Frank Cotroni a demandé au père Jean de venir le voir à Sainte-Anne-des-Plaines.

— Je sais que vous voyez mon délateur, mon Père. Dites-lui s'il vous plaît qu'il ne s'inquiète pas ; il ne lui arrivera rien. S'il a besoin de quelque chose, dites-lui qu'il passe par vous et je l'aiderai.

André a fait le message, et le gars en question a même fini par aller voir Frank à l'hôpital en grand secret. *Tu vois, France, il fait ce genre de choses, le Dieu de l'impossible. Même les hommes dont on connaît le pire ont quand même une zone de sensibilité. Même si on ne la voit jamais, elle est là. Et lui, il travaille dessus.* Bien des années plus tard, c'est dans les bras d'André que Frank Cotroni est mort.

Donald Pollock était ce qu'on appellerait aujourd'hui un délinquant dangereux. Il était tellement violent qu'on le considérait dangereux pour les autres détenus. On lui passait son plateau-repas à travers un guichet, comme dans *Le silence des agneaux.* Je pense que si on avait pu, on aurait jeté la clé de sa cellule et personne ne s'y serait opposé. À cette époque, en 1966, il se trouve dans le trou du pénitencier de Kingston, où il passe de toute façon la majorité de sa sentence. Il demande une Bible, qui est la seule chose qu'on puisse obtenir dans le trou, et l'ouvre au hasard. Il tombe sur le passage qui dit : « Aimez vos ennemis, faites du bien à ceux qui vous haïssent, bénissez ceux qui vous maudissent, priez pour ceux qui vous persécutent. » Il se passe quelque chose qu'il ne comprend pas. Plus tard, il dira qu'il a senti la haine le quitter et l'amour entrer en lui. Dès cet instant, il commence à dire aux gardes du trou qu'il les aime et les bénit. Vous imaginez bien la réaction des gardes ! Au bout de deux semaines, les gardes sont convaincus qu'il fait un délire religieux et on l'envoie à Pinel, qui est le secteur D de Bordeaux à l'époque. C'est là qu'André fera sa rencontre.

En 2008, cela faisait trente-huit ans que Donald Pollock était sorti, complètement réhabilité. Il a écrit, non seulement aux familles de ses victimes pour demander pardon, mais il a également écrit au juge qui l'avait condamné pour le remercier de l'avoir envoyé en prison. Lorsque Donald est sorti de prison, ils se sont rencontrés et ont développé une telle relation de confiance et d'amitié que c'est Donald qui a fait l'éloge funèbre du juge lors de ses funérailles. Aujourd'hui, Donald donne des conférences aux criminologues et aux juges et vient de publier son douzième livre.

Le Dieu de l'impossible s'est manifesté de bien des façons au cours des années… À l'hiver 2001, une enseignante qui savait que j'allais en prison me demande si je peux apporter des cartes que les enfants de deuxième année ont écrites et dessinées. Nous sommes quatre jours avant Noël et je vais porter les vingt-quatre cartes de Noël à André ; le 24 décembre, il n'a pas encore eu la chance de les donner. D'habitude, il les remet aux plus démunis : les gars de l'infirmerie ou alors les gars de la protection. Cette année-là pourtant, il se retrouve avec les Hell's pour leur messe de Noël. Non seulement sont-ils privés des privilèges que tous les autres détenus ont normalement (accès à la bibliothèque, à la chapelle, etc.) mais en plus, ils sont vingt-quatre à se présenter pour la messe. À la fin de l'homélie, André distribue les cartes en expliquant qu'il s'agit de petits enfants qui ont voulu offrir quelque chose de bon cœur. Les gars sont tellement touchés par ce geste que plusieurs ont les yeux pleins d'eau. C'est toujours difficile d'être loin de sa famille à Noël. Ce n'est pas moins dur pour des motards criminels. Le lendemain, ils annoncent à André qu'ils vont faire acheter des cadeaux aux enfants qui ont offert les cartes, pour les remercier. André me raconte ça et me demande mon avis. Il est d'accord avec moi quand j'explique que ce n'est pas possible, parce que ces enfants ont voulu poser un geste de don et que leur offrir quelque chose irait à l'encontre du sens du geste. On explique ça aux gars qui comprennent bien, mais ils veulent quand même faire quelque chose pour quelqu'un, comme les enfants l'ont fait pour eux. Ils ont l'idée de faire des paniers de Noël pour les indigents de la prison, ceux qui n'ont pas d'argent du tout et doivent vivre avec les fournitures minimales du gouvernement. C'est André qui les distribuera, et les motards lui demandent instamment de ne pas dire que ça vient d'eux. Ils veulent faire comme les enfants.

Chaque semaine, à partir de ce jour, et jusqu'à ce qu'ils soient presque tous transférés au pénitencier, André a distribué les deux sacs d'épicerie pleins de denrées que les Hell's préparaient pour les pauvres de la prison.

Ces gestes n'effacent pas les crimes commis par ces hommes! Cette histoire nous apprend seulement que les motards font des crimes, mais aussi des choses comme ça. Quand on se rappelle ce dont les Hell's ont été capables, alors vraiment, comment ne pas croire au Dieu de l'impossible!

RUE LAVAL

Si André s'était contenté de travailler dix heures par jour à être un témoin vivant de l'amour de Dieu dans la plus violente des prisons, les choses auraient été différentes pour lui. Mais André est un radical. Comme tous les délinquants, il est en quête d'absolu et il veut vivre l'Évangile. Radicalement.

En 1971, il demande la permission de vivre en quartier. Il veut avoir un appartement dans le bas de la ville et y accueillir les ex-détenus. Pour lui, la question fondatrice est la suivante : comment puis-je vivre en prison une communion et un lien signifiant avec les gars, et ne pas leur permettre de me voir une fois qu'ils sont dehors? Il obtient la permission et emménage avec son frère dans un six et demi, rue Laval. Dans sa lettre au provincial de l'ordre des Trinitaires, il résume bien son projet : vivre avec!

L'hiver, l'appartement est tellement froid qu'André doit faire venir un plombier qui réchauffe les tuyaux au chalumeau pour les dégeler sous les planchers. Il se couche par-dessus les couvertures dix minutes avant d'aller dormir, sinon il n'arrivera pas à se réchauffer de la nuit! Ils n'ont pas de meubles et s'assoient sur des coussins par terre; mais c'est l'époque où tous les jeunes font ça. Il a emporté avec lui son étroit lit de bois de novice. Il dort dedans encore aujourd'hui.

L'appartement est situé au troisième étage et le toit coule. Il pleut dans sa chambre et dans la salle de bain. Il a installé un petit autel dans la minuscule chambre du fond ; juste à côté du Saint-Sacrement trône un plat de margarine vide, parce que le toit coule là aussi. André porte la barbe et les cheveux longs. Il tisse son réseau avec les Petites sœurs de Jésus qui ne vivent pas bien loin, avec les franciscains qui sont en quartier eux aussi, et Marie Labrecque, une religieuse des Sœurs de la miséricorde, si importante dans cette période de la vie d'André. Elle vient de fonder Rosalie-Jetée, une maison qui accueille les mères célibataires (c'est elle qui a inventé l'expression) afin de les soutenir dans cette aventure et leur permettre éventuellement de poursuivre leurs études. Marie a également ouvert une maison pour accueillir les prostituées, leur offrir un répit, un endroit où on les écoute sans poser de questions. Ensemble, elle et André iront régulièrement dans les *clubs* comme le Cléopâtre, à la rencontre des prostituées, des toxicomanes et de tous ceux et celles qui ont besoin de trouver un regard d'amour. Ils font du « travail de rue », avant que l'expression existe. Un jour, ils se feront prendre dans une descente de police et ils auront bien de la difficulté à faire comprendre ce que deux religieux font, assis au bar, à 2 heures du matin !

Accroché à la fenêtre, un grand morceau de jute sur lequel les petites Sœurs de Jésus ont cousu en feutrine rouge : « Notre maison est une maison de Paix. » Cet appartement deviendra *La maison de la paix* pour tous ceux qui y passeront. Beaucoup de gars en ignorent l'adresse exacte, mais la reconnaissent à ces lettres rouges dans la fenêtre.

Les règles de la maison sont simples : pas de drogue, on règle ses comptes dans la ruelle et on accueille tout le monde de la même façon. L'ascèse de non-curiosité s'applique rigoureusement.

Partage de la vie quotidienne et des biens, contemplation ; André respecte ses vœux de trinitaire. Mais sa communauté a bien de la difficulté avec sa manière si originale de vivre la contemplation cloîtrée, si éloignée de tout ce qu'ils connaissent. Plusieurs le désapprouvent, et c'est difficile pour ce jeune prêtre de trente ans qui porte son idéal de partage avec tant d'ardeur. Chaque mois, il écrit au père provincial. Dans ses lettres, il raconte ce qu'il vit avec les gars. Leurs soirées de prière, les célébrations eucharistiques, la méditation du vendredi soir, la soirée d'adoration chaque premier lundi du mois et, surtout, sa propre évangélisation au contact de ces hommes et de ces femmes marginaux. André, chaque fois, invite ses confrères à venir le visiter et à voir comment ça se passe. Il lui faudra attendre deux ans avant qu'ils n'acceptent de venir et reconnaissent que cette vie puisse aussi être celle d'un trinitaire. Mais à partir de ce moment, l'ordre lui enverra régulièrement des stagiaires qui partageront sa vie pendant quelques mois.

Ce qu'il vivra pendant quinze ans dans ce petit appartement est absolument incroyable. Le téléphone sonne presque toutes les nuits. L'un a besoin d'un endroit pour dormir ; l'autre est angoissé. La porte d'entrée n'est jamais verrouillée et bien souvent, de parfaits inconnus sont accueillis chaleureusement. La seule question permise est : « Comment vas-tu ? » Le seul qu'on trouvera un peu louche, c'est un policier en civil venu voir ce qui se passe dans cet appartement de la rue Laval… Le flot de visiteurs ne cesse d'augmenter, surtout qu'André donne son numéro de téléphone à tous ceux qui sortent de Bordeaux !

Et André continue de célébrer des mariages, des baptêmes ; on lui demande de donner des conférences sur son expérience en prison. Il milite également contre la peine de mort, arpente les bars la nuit avec Marie Labrecque de temps en temps. Pendant ces excursions nocturnes dans les ruelles du *red light*, un petit groupe de bénévoles et d'ex-détenus prient devant le Saint-Sacrement, rue Laval.

Bien des gens qui n'auraient pas dû se retrouver dans la même pièce se sont pourtant retrouvés dans cette maison ! s'exclame André. Des gardiens de prison en civil discutent avec des ex-détenus, des motards partagent le repas d'un gars de la protection. Les règles de la maison de la paix sont respectées, même s'il faut parfois les rappeler.

André se fait voler à six reprises la même année. Une fois, il y a même du sang un peu partout parce que le voleur s'est coupé en forçant la pharmacie. André est comme toutes les victimes et sent son cœur se serrer en voyant les meubles renversés et les tiroirs vidés. Quelques années plus tard, il entendra l'un de ses voleurs venir avouer son méfait en confession. Mais rien de tout cela ne peut le décider à mettre fin à La maison de la paix.

La police débarque un jour chez lui parce qu'on a retrouvé le corps d'un homme assassiné ; dans ses poches, aucune pièce d'identité, juste le numéro de téléphone d'André griffonné sur un bout de papier. André le connaissait bien, puisque le gars avait passé le week-end précédent dans l'appartement de la rue Laval. Encore un mort parmi ceux qu'il aime.

Une autre fois, un samedi matin, André voit deux hommes qui attendent sur le palier. Juste le temps de descendre voir de quoi il s'agit, on lui colle un papier sous les yeux.

– Perquisition !

– Pourquoi ? Qu'est-ce qui est arrivé ?

– Enlève-toi du chemin ! Tu connais André Gires ?

– Oui, c'est un ancien détenu et je suis aumônier de prison. Je reçois du courrier pour lui ici ; mais ça fait un bout de temps que je ne l'ai pas vu.

– Il a été arrêté à Vancouver, une grosse affaire de fausse monnaie. On nous a dit qu'il en faisait ici aussi dans un trou de la rue Laval…

Une fois la situation clarifiée, André invite les deux hommes à prendre un café. Et du petit balcon où le chef avise son équipe qu'il s'agit d'une fausse alerte, André voit sortir des dizaines de policiers embusqués !

* * *

Pour tenter de refaire le plein, André fait une retraite de deux jours une fois par mois. C'est loin d'être suffisant. À l'automne 1977, il demande et obtient l'autorisation de prendre une année sabbatique. Encore une chose que personne n'avait faite dans sa communauté ! Il part en Europe et passe plusieurs mois à la maison mère de l'ordre des Trinitaires, dans les Alpes françaises. Pour lui, c'est comme un deuxième noviciat. Il refait le plein d'enthousiasme et de force. Il rejoint ensuite à Paris son grand ami Macbeth. Avec lui et bien d'autres amis, il voyage et partage de bons vins et de bons repas, la seule chose, à part la prière, qui remonte immanquablement le moral d'André !

En septembre 1978, le prêtre aumônier a maintenant trente-huit ans et il réintègre l'appartement de la rue Laval.

Il replonge dans la vie de partage total qu'il a choisie.

Les appels recommencent jusqu'à tard dans la nuit... Gerry qui veut marier sa blonde ; Lorenzo en pleurs parce que sa femme se meurt et qu'il veut qu'André vienne tout de suite ; Johnny qui est soûl et qui cherche un endroit pour dormir ; Yves qui se présente avec une arme, recherché par la police, et qu'André renvoie pour qu'il aille se rendre...

Un jour, André escorte un détenu qui a obtenu la permission de sortir de la prison pendant vingt-quatre heures, pour assister à l'ordination d'Alain Monpas, un ami d'André. Pendant que tout le monde jase dans le salon des franciscains, le beau Denis annonce qu'il va aux toilettes... mais il ne revient pas. La voisine finit par téléphoner pour leur dire qu'un homme gémit à terre dans leur cour. C'est Denis qui essayait de se sauver. Il avait descendu les marches quatre à quatre, sans se rendre compte que l'escalier coupait abruptement au deuxième étage ! Ils l'installent dans la voiture d'André, sans savoir que le pauvre homme a la hanche fracturée. Une fois à l'urgence, les infirmiers le déshabillent et découvrent que ses sous-vêtements sont bourrés de drogue. Les infirmiers jettent tout dans les toilettes. Le lendemain, c'est l'escouade des crimes contre la personne qui débarque chez lui. « On a le témoignage d'un voisin, comme quoi vous auriez tiré un gars qui serait tombé dans votre cour. Là, vous l'auriez embarqué dans votre char pour aller le jeter dans le fleuve. » Heureusement, les explications d'André clarifient la situation, mais sur le coup, soyez certains qu'il était complètement paniqué !

La fête du 10e anniversaire de la maison a été célébrée jusqu'à 5 heures du matin avec un improbable amalgame d'invités : Italiens, motards, toxicomanes, frères trinitaires en habits, les filles de Marie Labrecque, les voisins et tous les autres. On a l'habitude des mélanges étonnants, dans cette maison. Au fil des années, de nombreuses personnalités sont venues partager un repas ou un moment de prière avec la communauté des *fuckés* de la rue Laval. Je pense à Jean Vanier et à sa mère, madame Pauline Vanier, qui venait régulièrement, à la baronne de Hueck et à des évêques.

L'esprit de la maison est respecté par tous. Les confidences faites au cours des soirées de partage autour d'un texte sacré n'ont jamais été dévoilées à l'extérieur. Personne ne discute, chacun peut dire ce qu'il vit.

Il n'est pas rare qu'André revienne fatigué de la prison vers 20 heures et trouve des gars assis dans l'escalier, qui l'attendent pour jaser ou pour obtenir de l'aide. Souvent, il n'a pas le temps de manger. La soirée s'écoule à régler des problèmes, et la nuit se poursuit avec les appels de détresse. On lui demande de plus en plus de conférences à l'extérieur. Toute cette vie nourrit André en même temps qu'elle l'use. D'autant qu'à la même époque, André est déçu par de vieilles amitiés qui prennent des chemins différents du sien. Durant les deux ou trois semaines qui suivent, il voit mourir quelques amis et son grand ami Macbeth tombe malade. À la prison, André est profondément bouleversé par le suicide de deux détenus qu'il aime particulièrement et la grande crise de Gerry Charlebois pour avoir des nouvelles de son fils. Aussi, depuis quelque temps, il éprouve parfois des moments d'angoisse. Mais comme ils finissent toujours par passer, André fait comme si de rien n'était.

Avec le recul que donne le temps, André se rend compte qu'il lui apparaissait impossible de défaillir, même physiquement. *J'étais* superman, *capable de tout! Je brûlais la chandelle par les deux bouts.* Il travaillait à la prison six jours par semaine depuis quatorze ans sans avoir jamais pris une seule journée de maladie et pas vraiment de vacances.

Superman finit par avoir un malaise et se retrouve à l'hôpital Sacré-Cœur, devant un médecin qui lui apprend une grande nouvelle : « Savez-vous que vous n'êtes pas un ange, mon Père ? Si vous ne prenez pas mieux soin de vous, ça va mal finir. »

L'information entre par une oreille et ressort par l'autre.

En septembre 1982, ce sera la brisure. La dépression qui le terrassera lui permettra de faire un vaste ménage spirituel.

À la fin, il ne restera que l'amour.

CHAPITRE 6

VIVRE ET MOURIR EN PRISON

Je dis toujours que la dépression, c'est le cancer de l'âme, explique André. *Quand on n'a pas connu la dépression, on ne peut pas savoir ce que c'est. On peut avoir un coup de déprime ou des moments de découragements. Mais la dépression, ça t'enlève le goût de la vie.*

Ce qui va sauver André, c'est qu'il parle au lieu de se retirer en lui-même. Au bout d'un certain temps, Marc-André, le psychologue qu'il voit, lui suggère d'aller voir un psychiatre afin d'obtenir une médication qui le soulagerait. Mais André lutte contre la perspective de prendre des médicaments. Il mettra des mois à se faire à l'idée qu'il en a besoin. Il ne dort presque plus. Et pendant tout ce temps, il poursuivra son travail sur la rue Laval et en prison. *J'étais comme un casse-tête éclaté.*

Aujourd'hui, on peut se demander comment on a pu mettre tant de temps à constater la nécessité de le placer en arrêt de travail. Les gens ont-ils le sentiment qu'un prêtre possède une protection divine spéciale?

Ce sont ses proches qui vont l'aider dès le début. Son frère Jean, psychologue, qui lui répète que chaque minute gagnée sur la noirceur est une victoire ; et chaque fois, lui qui n'est pourtant pas croyant, il ajoutera : « Souviens-toi de Celui en qui tu as mis ta confiance. » Son neveu Richard, qui l'amène manger et le sort de chez lui ; sa nièce Michelle, son mari Pierre et leurs deux petites filles qu'il va voir tous les matins et qui le reçoivent toujours patiemment et avec chaleur. *J'étais tellement déprimé que même les enfants ne me rendaient plus heureux ! Te rends-tu compte ? Quand les choses les plus belles et les plus touchantes ne te touchent plus... c'est ça, la dépression.* Il marche beaucoup et visite les monuments dont l'architecture lui plaît. Et il y a son ami Macbeth qui parle peu, mais qui le prend dans ses bras comme on le ferait pour un enfant qui a peur. Et Mathieu, bien sûr, avec qui il a partagé tant de folies et de fous rires. Mathieu le poète, avec qui il célébrera la messe presque chaque jour de sa dépression.

Cette dépression crée une grave crise spirituelle. André ne songe pas à quitter les ordres, mais il remet beaucoup de choses en question. À commencer par la définition classique du péché et de la confession. Il a des crises d'angoisse à l'idée que quelqu'un pourrait être damné. Il a besoin d'être rassuré.

C'est là qu'il se souvient de sœur Aline et demande à la rencontrer. Cette carmélite hors du commun avait livré une conférence aux aumôniers de toute la province réunis en colloque, et André l'avait trouvée vraiment lumineuse. Il se présente au parloir où elle accepte de le recevoir et il lui ouvre son âme *comme à un confesseur.* Il lui avoue qu'il ne va plus se confesser parce qu'il a décidé de prendre très au sérieux le fait que le Dieu de Jésus est un Dieu d'amour. La vieille sœur lui demande s'il croit qu'il est pardonné.

« Oui ? Très bien, dans ce cas, n'allez plus à la confesse. Vous aimez le ballet et le théâtre, allez, sortez mon père. Surtout, pas de retraite et ne priez presque pas… je le ferai pour vous, je prierai à votre place. » André concélèbre parfois la messe au Carmel et à cette occasion, sœur Aline lui fait un petit signe. Aux matins les plus difficiles, avant de se rendre à la prison, la mort dans l'âme, il passe par le Carmel et dépose un billet pour elle : « S.O.S., ma sœur. » Aujourd'hui encore, André se rappelle avec beaucoup d'émotion ce lien privilégié qui l'a soutenu pendant sa traversée du désert. *Son silence me parlait plus qu'une longue conversation. Je savais qu'elle priait pour moi ; tout le Carmel priait pour moi. J'ai mendié tellement de prières à cette époque-là.*

Tout ce qu'il se sent capable de faire, c'est célébrer l'eucharistie. Plus de mariages, de baptêmes ni de funérailles. Et au moment de la communion, il interpelle le Seigneur : *Toi qui es le Vivant, le Ressuscité en moi, aide-moi à vivre ; fais que je m'en sorte, ressuscite-moi !*

Sœur Aline le porte dans sa prière, mais André a besoin de parler avec quelqu'un. Il va voir le père Benoît Lacroix, le célèbre dominicain, qu'il ne connaît pas mais dont on lui a parlé. Cet homme de Dieu remarquable va permettre à André de se libérer de ses chaînes spirituelles. Quand André se présente à lui parce qu'il vient de lire la très sérieuse thèse de la prédestination qui prétend qu'une partie de l'humanité est prédestinée à la damnation, le père Lacroix lève les bras au ciel : « C'est des folies, ça ! Ce sont des scolastiques qui n'avaient rien d'autre à faire que des maudits plans stupides. Ne vous occupez pas de ça. » Et c'en fut fini.

André se met à la recherche de tous les textes qui parlent de l'amour de Dieu ; les textes positifs. Et il renonce à tout le reste. Le père Lacroix l'encourage vivement dans cette voie. Devant le Saint-Sacrement de sa petite chapelle, une prière l'apaise complètement et le rassure. C'est la prière d'offrande à la Trinité d'Élisabeth de la Trinité :

> Ô mon Dieu, Trinité que j'adore, aidez-moi à m'oublier entièrement pour m'établir en vous, immobile et paisible comme si déjà mon âme était dans l'éternité ; que rien ne puisse troubler ma paix ni me faire sortir de vous, ô mon Immuable, mais que chaque minute m'emporte plus loin dans la profondeur de votre Mystère ! Pacifiez mon âme ; faites-en votre ciel, votre demeure aimée et le lieu de votre repos ; que je ne vous y laisse jamais seul ; mais que je sois là tout entière, tout éveillée en ma foi, tout adorante, toute livrée à votre action créatrice.

> Ô mon Christ aimé, crucifié par amour, je voudrais être une épouse pour votre cœur ; je voudrais vous couvrir de gloire, je voudrais vous aimer... jusqu'à en mourir. Mais je sens mon impuissance, et je vous demande de me revêtir de vous-même, d'identifier mon âme à tous les mouvements de votre âme, de me submerger, de m'envahir, de vous substituer à moi, afin que ma vie ne soit qu'un rayonnement de votre Vie. Venez en moi comme Adorateur, comme Réparateur et comme Sauveur.

> Ô Verbe éternel, Parole de mon Dieu, je veux passer ma vie à vous écouter, je veux me faire tout enseignable afin d'apprendre tout de vous ; puis à travers toutes les nuits, tous les vides, toutes les

impuissances, je veux vous fixer toujours et demeurer sous votre grande lumière; ô mon Astre aimé, fascinez-moi pour que je ne puisse plus sortir de votre rayonnement.

Ô Feu consumant, Esprit d'amour, survenez en moi afin qu'il se fasse en mon âme comme une incarnation du Verbe; que je lui sois une humanité de surcroît, en laquelle il renouvelle son mystère; et vous, ô Père, penchez-vous vers votre pauvre petite créature, ne voyez en elle que le Bien-Aimé en lequel vous avez mis toutes vos complaisances.

Ô mes « Trois », mon Tout, ma Béatitude, Solitude infinie, Immensité où je me perds, je me livre à vous comme une proie, ensevelissez-vous en moi pour que je m'ensevelisse en vous, en attendant d'aller contempler en votre lumière l'abîme de vos grandeurs.

Carmel de Dijon
21 novembre 1904.

Mais il viendra un moment où tout semble se confondre et où plus rien n'a de sens. C'est le désespoir. André touche le fond de la détresse. Et c'est vers Thérèse qu'il se tourne. Thérèse de Lisieux, la petite sainte qui a tracé une voie d'amour pour les désespérés. Seul dans sa chapelle, vidé de toute espérance, ni vivant ni mort, il murmurera : *Thérèse, sauve-moi.*

Et il travaille encore. Tout ce temps, il continue son ministère à la prison de Bordeaux. Justement, ces temps-ci, il doit réconforter un tout jeune détenu de vingt ans, Yves, qui attend une place en centre de désintoxication. André ne cesse de téléphoner au centre en question, mais on ne le rappelle pas. De semaine en semaine, l'attente est de plus en plus difficile pour Yves. André relance le centre encore une fois, mais on lui apprend que la place a été donnée à un autre. Deux jours plus tard, le 16 décembre, Yves se suicide. Cette mort, dont il prend la responsabilité, dévastera ce qui restait des forces de l'aumônier de quarante-trois ans. Il sera des années sans pouvoir en parler.

Si la mort était venue, André se serait laissé prendre sans se défendre. Il dit pourtant à ses amis : *Si jamais je parle de suicide, attachez-moi.*

Nous sommes en novembre 1983. André est en dépression depuis plus d'un an. Son médecin lui demande enfin d'arrêter de travailler. La médication commence. Si c'était à refaire, André avoue qu'il commencerait bien avant !

Le directeur de la prison de l'époque, monsieur Lucien Roberge, aura une réaction extrêmement aidante en lui affirmant qu'il doit prendre le temps. « Pas de presse, prenez le temps qu'il vous faut. »

Il part faire un voyage en Europe, retrouver des amis. Au retour, il marche plus que jamais et s'initie à la relaxation qu'il pratique quotidiennement encore aujourd'hui. Il poursuit ses dialogues avec le père Lacroix et ses séances avec le psychiatre. Il va de mieux en mieux. Il a toujours Mathieu et Marie Labrecque et Macbeth ; Monique Chartier aussi.

La remontée prendra dix mois. *Ça a été une expérience humaine et spirituelle incroyablement douloureuse. Je n'ai pas souhaité vivre ça, mais ça m'a permis de comprendre les autres, de me comprendre moi-même et, surtout, de faire du ménage.*

Depuis deux ans, les activités étaient au ralenti sur la rue Laval. Il sait que des changements doivent survenir dans sa manière de vivre.

LE GRAND MÉNAGE

Un grand nettoyage spirituel s'est réalisé pendant ces deux années de dépression. Fini le catalogue de péchés et l'angoisse de la faute. Il renonce à tout ce qui n'est pas l'amour de Dieu.

C'est dans cette dépression que j'ai retrouvé le véritable sens du sacrement du pardon. Je continue de croire en beaucoup de choses. Mais même si l'on remettait en question ce en quoi je crois, ça ne changerait rien à ma foi. C'est le Christ, qui est le cœur de ma foi.

C'est comme le Credo. *Je crois tout ce qu'il y a là-dedans.* Mais à la messe de Bordeaux, André nous pose à l'occasion des questions auxquelles nous devons répondre haut et fort : *Est-ce que vous croyez que Dieu est un Dieu d'amour, qu'il n'est pas un justicier tenant une batte de baseball, qu'il ne veut pas nous condamner et qu'il nous aime tel que l'on est ? Oui ou non, croyez-vous que Jésus est venu sur terre rendre visible toute la tendresse et l'amour de Dieu ? Est-ce que vous croyez que l'Esprit est en nous, qu'il nous habite pour nous transformer et nous aider à vivre cet amour de Dieu auprès des autres ? Est-ce que vous croyez que nous sommes tous ensemble l'Église en cheminement, pas seulement le pape, les évêques, les prêtres et les religieuses ? Telle est notre foi, telle est la foi que nous partageons en communion avec l'Église universelle.*

Il rentre à la prison en septembre 1984, heureux de retrouver son monde! En entrant dans son bureau, il repense au grand Fernandez qui l'attachait à sa chaise de bureau avec son propre foulard, pour rigoler, et le laissait là. En traversant la cour, il songe à l'été des grosses canicules, quand les détenus l'avaient, à sa demande, lancé dans la piscine tout habillé; au même moment, le père Nourissat, qui venait de France, s'était annoncé à la porte centrale et André avait dû emprunter des vêtements à un détenu pour le recevoir.

Il est heureux de rentrer. Dorénavant, il connaît une nouvelle facette de la détresse humaine. Cela fait de lui un meilleur humain et un meilleur aumônier. Sa pratique religieuse est *purifiée*.

LA GRAND-MESSE DE BORDEAUX

Il y avait alors bien des messes à Bordeaux. La messe pour les malades, le lundi, celle des prévenus, le mercredi, et la grand-messe du dimanche. Je parle au passé, puisqu'il n'y a plus de messe le dimanche à Bordeaux depuis un moment, pour des raisons « d'organisation des ressources ». Gageons que s'il s'agissait d'une communauté juive ou musulmane qu'on privait de ses cérémonies, on trouverait très vite le moyen d'aplanir ce genre de problème...

La grand-messe telle que je l'ai connue durait presque deux heures, et personne ne s'en plaignait. C'était un *happening* dont on ne savait vraiment pas comment il allait se terminer. Le déroulement suivait un modèle traditionnel, mais tant de choses pouvaient jaillir... qu'André laissait jaillir, d'ailleurs. Pour lui, la messe devait être un événement vivant, qui nourrit, qui a du sens. Il expliquait le sens des gestes posés, les couleurs du carême, de l'avent, etc. On ne porte pas un message de foi dilué ou insignifiant en prison. La situation des « paroissiens » est trop urgente et souffrante pour ne pas répondre à leurs questions. Si le message que la pastorale leur transmet ne les aide pas à vivre, alors autant laisser tomber tout de suite.

Les bénévoles arrivaient vers 8 heures 45 pour monter l'autel et placer la salle pour en faire une église. Au moment de l'appel général, on annonçait la messe dans tous les secteurs et chacun des détenus était libre de monter. Depuis le saccage de la chapelle en 2003, il n'y a plus d'appel général, et les gars doivent être inscrits sur une liste spéciale pour avoir accès à la messe.

Je me plaçais avec les autres bénévoles au bord de la porte et j'accueillais les gars un par un, avec une poignée de main, un sourire, un mot gentil. Quand tout était prêt, André prenait la parole pour faire chaque semaine le même message :

Si tous les échanges culturels et les transactions d'herbes sacrées sont complétés, nous allons commencer. Je vous rappelle qu'on ne fume pas dans la chapelle. On ne boit pas, on ne mange pas. Je vous demande de garder le silence et si vous avez des choses à régler, je vous demande de sortir tout simplement, par respect pour les autres gars qui participent à cette célébration, et aussi pour nos bénévoles. Nous allons commencer.

Il y avait toujours de la musique à la messe. Le piano ou la guitare trouvait toujours parmi les détenus un musicien qui acceptait d'en jouer. Ou alors, des bénévoles s'exécutaient. Sinon, nous chantions *a cappella*, tout simplement ;

un chant à l'Esprit où chacun se recueillait. Un détenu avait été choisi pour allumer les cierges pendant le chant d'entrée. André expliquait que cette flamme représente la présence même de l'Esprit parmi nous.

Les livrets du *Prions en Église* avaient été distribués sur chaque chaise et chacun pouvait y suivre le déroulement de la célébration... avec bien sûr quelques améliorations qui n'y figuraient pas!

La proclamation de l'Évangile est réservée aux prêtres et aux diacres. Qu'à cela ne tienne, chaque semaine, le père Jean appelait à lui un détenu et le nommait diacre sur-le-champ, formulant une bénédiction en posant sa main sur sa tête. Vous ne pouvez pas vous imaginer ce que cela représentait pour les gars. Être diacre et lire l'Évangile! C'était un honneur qu'on se disputait âprement, parce qu'André expliquait bien qu'il s'agissait de la parole de Dieu, que ce n'était pas une chose qu'on fait à la légère. Pour des hommes dont la vie n'est qu'une suite d'échecs, se faire dire qu'on est digne de porter la parole de Dieu, c'est extrêmement bouleversant. C'est comme si cette tâche leur redonnait de la dignité. Et c'était exactement le but d'André.

Un jour, un jeune va voir André durant la semaine et lui dit qu'il aimerait beaucoup être diacre une fois dans sa vie. « Mais je ne sais pas lire », avoue-t-il. André réfléchit quelques instants et lui demande s'il a un copain ici qui sait lire. *Oui? Bon, alors voici ce qu'on va faire. Je vais te donner la bénédiction, tu seras le diacre. Tu te placeras à côté du lutrin et ton ami lira à ta place.* André venait encore de faire passer l'amour avant la loi. Et le jeune homme en a été vraiment heureux.

Après l'évangile, c'était l'homélie. André la préparait le samedi matin dans sa petite chapelle : *Mon Dieu, montre-moi ce que tu veux leur dire et me dire.* Il griffonnait quelques notes parfaitement illisibles pour quiconque à part lui. Au bout d'un certain temps, je me suis rendu compte que toutes ses homélies ne disaient qu'une seule chose finalement, mais de mille façons différentes : Dieu vous aime infiniment, exactement tels que vous êtes maintenant, et il espère de tout de son être que vous vous laisserez aimer de lui.

Il leur parlait de Jésus le révolutionnaire. Celui qui s'est élevé contre l'injustice et a bousculé les lois du temps pour placer l'amour avant tout le reste. Celui qui a mis fin à la loi du talion, qui a rappelé que le sabbat est fait pour l'homme et non pas l'homme pour le sabbat. *Dieu ne vous a pas envoyés en prison ; mais il vous y attend, les gars.*

PRIER POUR QUI ?

Après l'homélie, les gars étaient invités à partager leurs commentaires ou leurs questions. Et il n'y avait aucune censure ! Les gars allaient droit au but.

Un jour, l'homélie d'André porte sur la nécessité de parler avec douceur aux enfants, tous les enfants qu'on rencontre, pas seulement les nôtres. Il dit que tout s'imprime dans le cœur des petits. Arrive la période des commentaires. Jean-Pierre se lève et déclare qu'il n'a pas d'enfant. « J'ai même pas de neveux, pas de nièces. En plus, je sors jamais d'ici plus que deux jours de suite et j'en vois jamais, des enfants ! » Tout le monde se demande ce qu'André va trouver à lui répondre. Et André, du tac au tac : *Mais tu en as un à l'intérieur de toi, Jean-Pierre, un petit garçon. Prends soin de lui.*

La célébration se poursuivait avec les intentions de prière ; une autre chose que le monde « dehors » ne connaît pas. C'est le moment où chacun pouvait dire à voix haute pour qui il voulait qu'on prie. *J'ai souvent été étonné d'entendre les demandes des gars,* raconte André. *Il est arrivé plus d'une fois que l'un d'eux demande de prier pour les gardes. C'est quelque chose, ça ! Un jour, je célébrais une messe pour les Hell's ; ils étaient seulement trois. Et l'un d'eux a demandé de prier pour son délateur, celui qui allait témoigner contre lui au procès. Je l'ai regardé, le gars avait les yeux pleins d'eau. Ce n'était pas de l'ironie.*

On demandait de prier pour un *chum* qui était dans le trou ou qui faisait du *temps dur*[7], pour une mère malade, pour ses enfants ou ceux d'un autre. J'ai entendu des intentions de prière pour les victimes d'un tremblement de terre à l'autre bout du monde, pour leurs propres victimes, pour les prisonniers politiques, pour la paix dans le monde. Moi, mon intention de prière était souvent la même : j'aimerais qu'on prie pour tous les enfants battus, abusés, humiliés. Et qu'on prie pour tous ces enfants qui sont devenus des adultes aujourd'hui, qui sont toujours blessés, mais qui n'émeuvent plus personne.

Ensuite, c'était la célébration du pardon que j'ai déjà décrite. Je dois ajouter qu'il arrivait parfois qu'André se tourne vers nous : *Puisque nous sommes tous prêtres par notre baptême, je vous demande de me pardonner toutes les fois où j'ai manqué d'accueil envers l'un d'entre vous.* Jamais on ne lui a refusé l'absolution.

---

7. Faire du temps dur, c'est être en dépression et ne plus pouvoir supporter la pression de la vie en prison. En général, on méprise ceux qui font du temps dur pour la faiblesse qu'ils laissent voir.

Suivait l'offertoire, la consécration du pain, et là, tout le monde se plaçait autour de l'autel. Oui, tout le monde. Nous formions une espèce d'attroupement, serrés les uns sur les autres. Et quand André soulevait la patène et le calice : *voici le fruit de la vigne et du travail des hommes, nous te les présentons pour qu'ils deviennent le corps et le sang du Christ...* Alors, nous placions tous et toutes une main sur l'épaule de notre voisin d'en avant et lui, sur celui d'en avant, jusqu'à l'épaule d'André. C'est comme si chacun de nous participait à cette consécration avec André. Tout de suite après, nous formions un grand cercle autour de la chapelle pour réciter le Notre Père en nous tenant par la main. Et ce n'est qu'après s'être offert mutuellement le baiser de la paix que la communion était distribuée par les bénévoles. Il fallait donc attendre que toutes les bénévoles féminines aient reçu le baiser de la paix de tous les gars, et pas seulement à gauche et à droite !

Après la bénédiction finale, nous avions un peu de temps pour discuter avec les détenus, avant qu'ils ne retournent en cellule.

L'EUCHARISTIE N'EST PAS UN SHOW

Les célébrations d'André sont chargées de sens. Le vendredi saint, par exemple, c'est un évêque, monseigneur Cimichella qui vient laver les pieds des détenus, comme le Christ l'avait fait avec ses disciples. Si les gestes d'une célébration n'ont pas de sens, autant ne rien faire.

Un jour qu'André se préparait à célébrer la messe, un détenu de race noire passe sa tête dans la porte et dit qu'il aimerait bien y participer.

— Je la célèbre avec des gars de la protection ; ça ne te dérange pas ?

— Non, Père, pas du tout. Je reviens tantôt, quand ils seront descendus.

Apprenant cela, un des gars de protection déclare qu'il ne veut pas d'un « nèg' » dans la messe.

— Je regrette, les gars, déclare André, mais si vous n'êtes pas capable de vivre une communion avec ce gars-là, alors on ne peut pas faire la messe du tout. La communion au Christ, c'est aussi la communion avec les autres. On ne va pas vivre dans le mensonge.

— Oui, mais moi, c'est à cause d'un Noir que je suis en prison !

Un petit jeune lève la main pour parler.

— Les gars, si c'est comme ça, je ne pourrai pas célébrer la messe avec vous parce que moi, c'est un Blanc qui m'a fait arrêter !

Il y a un silence qu'André saisi au vol.

— Voyez-vous les gars, l'eucharistie, c'est le moment où Jésus nous dit qu'il nous aime comme on est. Et il nous appelle à cet amour. On ne peut pas rejeter un gars d'un bord et aller communier la seconde après !

Les gars finissent par acquiescer. Le détenu de race noire arrive et s'installe, sans rien savoir de la discussion qui vient d'avoir lieu. André se dit qu'il verra bien s'ils sont sincères au moment de l'échange de la paix… Il faut savoir qu'on ne se touche pas sans raison en prison. Tous les gestes sont codifiés. Et, croyez-le ou non, ils sont tous allés donner la main au détenu noir.

Dans ces moments-là, André est heureux. Il a l'impression que le sens de l'eucharistie a été un peu mieux compris.

LA MÈRE PRODIGUE, LE BON SAMARITAIN ET LES AUTRES

Je ressens ce que les gars sentent; je me sens l'un d'entre eux. Que serait-il arrivé si je n'avais pas eu la grande sœur que j'ai eue? Si je n'avais pas vécu devant un monastère? Je ne doute pas un seul instant que je serais peut-être parmi eux.

André dit souvent que les gars en prison l'ont évangélisé. C'est parce que l'homme qu'il est accepte de se laisser toucher et bouleverser par la vie. Il est prêt à se laisser remettre en question et transformer par les hommes et les femmes qu'il croise. Et cette ouverture du cœur transforme le prêtre et en fait un homme de Dieu. Ce n'est ni facile ni sans douleur de garder ainsi le cœur ouvert. André en a payé largement le prix. Mais c'est la seule chose qui nous garde vivants, finalement : notre lien aux autres. Et c'est pour ça qu'en revenant de sa dépression il a mis des balises pour préserver sa santé, mais a gardé l'essentiel de sa démarche : un lien plein de tendresse pour les marginaux. Bien souvent, il a vu l'Évangile se réaliser sous ses yeux en prison. Sans s'en rendre compte, ces gars-là vivaient les paraboles.

Pour André, les détenus sont des théologiens du Saint-Esprit. Et ils ont parfois des remarques qui renversent l'aumônier. Au début d'une célébration pour les gars de la protection, André commence en disant : *Nous sommes treize aujourd'hui...* et l'un d'eux lui coupe la parole : « Ben non ! Nous ne sommes pas treize, nous sommes quatorze parce que le Christ est avec nous ! » *Sais-tu quoi, France, il y a bien des curés et des religieuses qui n'auraient même pas pensé à ça !*

Un jour, neuf gars sont transférés dans le trou du « A » en pleine nuit, en provenance de la prison de Hull, où il y a eu une émeute. Le lendemain, dimanche, André fait sa tournée du trou et tombe sur ces neuf gars, complètement déboussolés. Apprenant qu'il est aumônier, ils lui demandent des cigarettes, puisqu'ils ont quitté Hull les mains vides. Mais André ne fume pas et ne peut donc pas leur en offrir. C'est là que le détenu de la première cellule, qui est dans le trou depuis deux jours, tend son paquet de cigarettes à André : « Tenez, mon père, donnez-leur-en deux chacun. » Il faut savoir qu'à cette époque les cigarettes sont une denrée extrêmement précieuse ! En plus d'être la monnaie du marché noir, elle est une des rares consolations des gars.

André commence à distribuer les cigarettes et se rend compte qu'il n'y en a que dix-neuf dans le paquet.

– Mais il ne va plus t'en rester qu'une, mon ami !

– Ouais, je sais. Mais eux n'en ont pas du tout.

– Te rends-tu compte que tu es la veuve qui donne de son indigence !

– Comment ça ? Je suis une veuve, moi ?

– Ben non... Écoute... Jésus était à l'entrée du Temple et, le voyant, tous ceux qui entrent font exprès de donner beaucoup d'argent pour que tous les voient faire et remarquent leur générosité. Arrive une veuve, et tu sais, les veuves dans le temps de Jésus, ça ne vivait pas riche ! Alors arrive la veuve qui va déposer un minuscule don, tiré du peu qu'elle a. Sa pauvreté, on appelle ça son indigence. Alors elle donne juste un peu, mais très discrètement pour que personne ne la remarque. Alors Jésus déclare : « Cette femme a donné plus que tous les autres. » Tu vois, elle était pauvre et elle a donné de sa pauvreté. Et toi, c'est ce que tu viens de faire : tu n'as déjà pas beaucoup et tu donnes presque tout. Tu viens de vivre l'Évangile ! Et tu m'as permis de le vivre avec toi !

Il discute un jour au parloir avec une vieille femme qui attend pour voir son fils. Celui-ci en est à sa cinquième sentence et il la fait pratiquement entièrement dans le trou parce que plus personne ne peut le supporter, ni les gardes ni les autres détenus. Il a une grande famille, mais personne ne veut plus rien savoir de lui et tous les liens sont rompus. Il a menti et manipulé tout le monde. Et cette vieille mère de quatre-vingts ans prend l'autobus chaque semaine pour venir le voir. « Je continue de venir le voir, mon père, parce que c'est mon petit gars. » André est bouleversé devant cette mère prodigue. *L'amour de cette femme, France ! Devant la déchéance de son fils, elle persiste à le voir comme un enfant. Pas avec ses gros bras et ses tatous ; elle le voit comme son petit garçon. Mais c'est la parabole du fils prodigue, ça ! Au lieu d'être son père qui l'accueille, c'est sa mère. Tu sais, des mères prodigues comme elle, j'en ai vu beaucoup plus que des pères.*

* * *

Les gens ne savent pas ce qui se passe en prison. On a des idées toutes faites sur les hommes et les femmes qui s'y trouvent. Des idées toutes faites sur leur manière de vivre, incarcérés. Vous serez sans doute étonnés d'apprendre que les gars qui font de longues sentences, en pénitencier, sont toujours estomaqués de voir à quel point on manque de savoir-vivre et de courtoisie « dehors » ! En prison, personne ne s'insulte ni se « bave », à moins que ce ne soit dans le but délibéré de créer un affrontement. Personne ne se bouscule et ne se touche même ; on se parle très calmement et poliment.

Parmi les choses qui vous étonneraient, il y a la sollicitude et l'entraide qu'on voit régulièrement. Pour André, c'est l'Évangile en action. Il y a quelques années, un homme d'affaires de Québec se retrouve à Bordeaux avec une sentence de plusieurs mois. Roger, appelons-le comme ça, a un peu plus de quarante ans, il n'a jamais fait de prison et se retrouve dans le « D » avec les autres nouveaux. À cette époque le « D », c'est le chaos ; tout le monde crie à longueur de journée, ça pue, c'est sale, et les crises s'y succèdent sans interruption. Chaque secteur compte trois paliers, et Roger est assis sur son lit au premier palier. Sa vie vient de s'effondrer. La semaine d'avant il naviguait sur le fleuve sur son bateau et là, il est dans une cellule de Bordeaux, sa réputation est fichue, sa *business* est perdue, ses enfants ont honte de lui. La première personne qu'il a croisée en entrant dans le secteur, c'est un *junkie* sans âge, tatoué de partout, avec les cheveux au milieu du dos et qui ne s'est pas lavé depuis un bon moment. Roger regarde tout ça et décide qu'il ne vivra pas là ; il ne sera jamais capable de traverser ça. Patiemment, il déchire ses draps pour en faire des bandes qu'il attache les unes aux autres. Quand il a terminé, il s'avance jusqu'au palier, se penche… environ trois mètres, ce sera suffisant. En quelques secondes, il noue le drap autour de la rampe puis autour de son cou et s'élance de toutes ses forces. Mais les nœuds ne sont pas assez serrés et Roger se retrouve par terre. Pierre, le *junkie* de tout à l'heure, passe devant lui à ce moment-là : « Qu'est-ce que tu fais sur le cul, comme ça ? » En levant les yeux vers le *junkie*, Roger est humilié comme jamais il n'avait pensé pouvoir l'être et murmure qu'il ne pourra jamais faire son temps ici. Pierre se penche sur lui.

— Écoute-moi bien, toi ! Tu vas te coller à moi pour les jours qui viennent. Reste avec moi, ça va bien aller. Et dimanche, je vais t'amener dans une place où tu vas te sentir bien.

Roger a traversé les jours suivants sans lâcher Pierre d'une semelle. Dimanche matin, le *junkie* l'amène à la messe. Roger entre donc dans la chapelle ; il voit la coupole, la lumière, les fleurs, les couleurs des drapés sur l'autel. Alors, il sait qu'il pourra vivre. Quelques semaines plus tard, il raconte à André qu'en entrant dans cette chapelle, il avait découvert qu'il y avait un lieu dans la prison qui n'était plus la prison.

— Voyez-vous, mon Père, c'est celui que j'avais jugé le plus sévèrement, celui que j'avais tant méprisé en le voyant… c'est lui qui m'a sauvé la vie.

— Réalises-tu, Roger, qu'il a été pour toi le bon samaritain ? Lui, le junkie mille fois jugé, le rejeté, il a été le samaritain qui donne à boire à l'assoiffé ! Personne d'autre, mon Roger. C'est pas un curé qui est allé te chercher, ce n'est pas moi non plus. C'est lui !

Roger et Pierre sont devenus amis. Et ils le sont restés après leur sentence. Roger a permis à Pierre de se désintoxiquer et de travailler. Chaque année depuis, ils ont invité André au resto pour des retrouvailles. Un homme d'affaires et un *junkie*. Vous les avez peut-être croisés ce matin, au kiosque à journaux…

Roger a eu bien de la chance. Beaucoup n'en ont pas autant.

Entre le 31 janvier 1969 et le 23 avril 2006, il y a eu 72 suicides, 3 meurtres, 11 morts par *overdose*, 3 morts du sida, un homme a brûlé dans sa cellule et 33 autres sont morts de mort naturelle. Ça fait 125 décès pendant le ministère d'André. C'est beaucoup pour un seul homme!

Parfois, André n'en peut plus. Il est brisé par la souffrance dans laquelle il avance et tend la main sans arrêt. Alors il va dans la petite chapelle qu'il a aménagée dans une des pièces de son quatre et demi, se place en contemplation devant le Saint-Sacrement et s'offre à Dieu dans toutes ses imperfections. Depuis sa dépression, il est attentif aux signaux de fatigue que lui envoient son corps et son esprit. Parce que la deuxième dépression est bien plus facile à faire que la première! Il témoigne de son expérience chaque fois qu'il le peut, afin d'aider le plus grand nombre possible de personnes. Parce qu'il connaît leur douleur.

* * *

Durant ses premières années de ministère, on appelle l'aumônier parce que David est « monté dans les barreaux ». Cela veut dire qu'il a grimpé sur le grillage du troisième palier, qui forme comme un toit au-dessus de quinze mètres de vide. L'endroit idéal pour se suicider. Et David y est monté. Il a passé une corde autour de son cou et, avec une lame de rasoir, il se taillade les poignets petit à petit. Il espère devenir assez faible pour tomber, finalement. Il a demandé à voir le père Jean. Quand André arrive dans le secteur, les deux cents détenus qui y vivent sont attroupés et hurlent à pleins poumons. Pour eux, c'est une double occasion : ça change de la routine et cet incident a des chances de « donner du trouble » à la direction. Le directeur est là avec le mégaphone et exhorte David à descendre. Les gardes se tiennent prêts à intervenir. Les matraques cognent sur les boucliers. Bref, on ne s'entend même pas penser.

André monte jusqu'au troisième palier et se place vis-à-vis David.

– Regarde-moi, David. Regarde-moi dans les yeux. Ne t'occupe pas de tout le reste, regarde-moi dans les yeux.

Et le sang coule des poignets de David. Et André qui ne supporte pas du tout la vue du sang ! Il a capté l'attention de David et lui demande de dire ce qui ne va pas. David crie qu'il n'en peut plus d'être en prison et d'y revenir tout le temps.

– Je comprends, David. Regarde-moi et parle-moi. Tu sais que je t'aime.

André envoie un gars demander le silence en bas. Les gardes trépignent ; ils voudraient bien régler la question. L'aumônier mettra quarante-cinq minutes à convaincre David de descendre. Pendant tout ce temps, les autres ne peuvent pas entrer en cellule pour le comptage. David accepte finalement d'aller à l'infirmerie et deux détenus l'aident à descendre.

C'était la première fois que je comprenais la puissance du lien du regard. Quand un gars me demande, je me dis que c'est parce que je peux l'aider. Il s'agit de trouver comment. Ce lien par le regard, je l'ai expérimenté tellement souvent après ça! Ça veut dire : je te comprends, je suis avec toi. Ça fait toute la différence.

Il aura bien d'autres occasions d'utiliser le lien du regard. Mais dans soixante-douze cas, André n'a rien pu faire. L'un d'entre eux se pendra trente minutes seulement après avoir vu André. On trouvera une note près de lui : « Père Jean, je vous demande pardon de mourir de cette façon. Vous étiez mon seul ami. » Un autre mettra fin à ses jours le vendredi saint à trois heures de l'après-midi. La plupart du temps, on l'appelle au milieu de la nuit, chez lui. Parfois, il y aura une lettre, et toujours elle portera le même message : « Voilà que vous êtes délivrés de moi ; je ne ferai plus de mal. » André est bouleversé par tant de souffrance. C'est difficile pour lui de ne pas laisser prise à la culpabilité. A-t-il été assez accueillant pour ce gars ? Aurait-il dû faire plus ? Quoi, au juste ? Comme il lui faudra d'abandon pour se placer dans l'amour de Dieu. *Je suis impuissant devant le mystère de la souffrance humaine et de la mort.* Il ne doute pas un seul instant que ces hommes sont maintenant en présence de Dieu. *Le suicide n'est certainement pas un péché. Quand je pense qu'on a déjà privé du monde de funérailles cause de ça… C'est absolument terrible. Le suicide est un acte de désespoir. Il n'y a pas de courage ni de lâcheté là-dedans ; rien que du désespoir. On arrive là parce qu'on ne veut plus souffrir. On ne voit pas d'autre moyen… On ne perd pas la foi en Dieu. On perd la foi en nous-mêmes, dans notre capacité de traverser ça.*

Quand on l'appelle chez lui pour lui annoncer qu'un des gars s'est enlevé la vie, André va dans sa chapelle. Devant le Saint-Sacrement, il prononce ces mots : *Mon Dieu, je te rends grâce d'accueillir cette personne. Donne-moi la force qu'il faut pour y aller et apporte ton aide aux personnes qui l'aimaient et à qui je devrai annoncer la nouvelle. Et toi, mon ami, maintenant que tu vois Dieu, prie pour nous tous. Tu vois ce que je ne vois pas encore ; tu me devances dans la connaissance du Christ.* Il s'habille puis roule dans la nuit jusqu'à la prison.

Quand André s'approche du corps, toute activité cesse autour. Les policiers sont là, les infirmiers, les ambulanciers et des gardes, bien sûr. André a mis son étole. Il s'avance, se penche et fait l'onction sur son front en priant à voix haute : « *Par cette onction sainte, je te pardonne tous tes péchés et par le privilège qui m'est donné du Saint Siège apostolique, je te donne la bénédiction apostolique et je te bénis au nom du Père, du Fils et du Saint-Esprit.* » Normalement, *l'onction est réservée aux malades, mais on peut s'en servir en cas d'urgence. Et pour moi, c'est le cas, là. Je le faisais précisément pour marquer que ce corps est sacré. Que la dignité de cette personne reste intacte. Dieu était dans ce corps et l'onction sert à manifester cette consécration du corps. Ces personnes avaient été des temples de l'Esprit. Je voulais qu'on s'en souvienne et qu'on ne les traite pas comme des morceaux de viande. Je récitais ensuite le Notre Père, un Je vous salue Marie et un Gloire au Père. Il est arrivé plus d'une fois que les gardes se joignent à moi dans cette prière.*

Après s'être recueilli en silence, il monte à son bureau téléphoner à la famille. Il est arrivé qu'on ne trouve personne à qui annoncer la nouvelle. Personne pour réclamer ce temple sacré. La peine d'André, alors, est si grande! Si grande qu'il lui faut *tout « garrocher » dans le cœur de Dieu.*

Devant un suicide, tout le monde est sur le même pied. Il n'y a pas de gardes ou de prisonniers. Je me souviens d'un prisonnier qui avait bourré le bas de sa porte avec ses couvertures et ses serviettes afin que le sang qui coulerait de ses veines ne le dénonce pas en glissant sous la porte de fer de sa cellule. Il a tant saigné que le sang a coulé quand même. Et le garde qui s'en est aperçu a réussi à lui bander les poignets en le tenant tout contre lui. Il l'a sauvé. Sans une seule hésitation.

Voyez-vous, quand on appelle une ambulance chez nous, elle devrait arriver en moins de cinq minutes. Dans une prison, il lui faudra parcourir une plus grande distance, parce que les campus pénitentiaires sont généralement éloignés des centres urbains. Au lieu de sept minutes, peut-être en prendra-t-elle dix ou onze. Une fois à la prison, l'ambulance devra être examinée; et même en le faisant avec diligence, il faudra bien quatre ou cinq minutes pour vérifier les papiers, fouiller sommairement l'intérieur. À ce moment-là, les ambulanciers sont à l'entrée de la prison. Pour se rendre dans le plus proche secteur, il leur faudra traverser au moins six portes verrouillées devant lesquelles il faut attendre quelques secondes après avoir appelé au déverrouillage. Ça peut leur prendre facilement trois minutes, sept si le blessé est dans le trou. Faites le compte. Dans les meilleures conditions et si tout le monde se dépêche, entre le moment de l'appel et l'instant où les ambulanciers se penchent sur le gars, il peut s'écouler une vingtaine de minutes. Largement le temps de mourir. C'est rare, mais c'est déjà arrivé. Tout le monde est conscient de cela en prison. Quand quelqu'un tombe en prison, tous les autres, qu'ils soient gardiens ou détenus, font tout ce qu'ils peuvent pour le sauver.

ACTIVITÉS, SORTIES ET INVITÉS SPÉCIAUX

En plus des différentes messes de la semaine, le service de pastorale offre aux détenus de nombreuses activités. Il y a le groupe Liberté, créé par un ex-détenu, Michel Danis. L'idée consiste à inviter chaque mois un ex-détenu qui s'en est sorti à venir faire un témoignage; cette soirée a toujours beaucoup de succès. Il y a le café-chrétien un autre soir de la semaine, puis la soirée de méditation, des visionnements de films inspirants, des rencontres de toutes sortes. Et, de temps en temps, on organise une vraie sortie.

Dans les premières années, André avait organisé avec Michel Campbell, professeur à l'Université de Montréal, une retraite en prison, avec des détenus et des gens de l'extérieur. Ceux qui y ont participé ont dormi en cellule et passé les trois jours en prison. Durant cette retraite, les gardes avaient décidé que si le Père voulait vivre une expérience comme celle des gars, ils allaient l'aider. En pleine nuit, ils sont venus le chercher pour le descendre dans le trou. C'est une expérience qu'André n'a jamais oubliée.

Une fois par année, généralement au printemps, on faisait ce qu'André appelait une journée de ressourcement, qui commençait par une visite au Carmel de Montréal. Deux carmélites nous recevaient au parloir. Cette rencontre était toujours marquante pour les gars : comment des femmes libres peuvent-elles volontairement choisir de vivre derrière des barreaux? Les questions fusaient, sans censure, et les réponses étaient franches.

Tout le groupe se rendait ensuite dîner à la Maison du Père, afin que les gars connaissent au moins un endroit si un jour ils n'avaient nulle part où aller. On passait ensuite l'après-midi avec les Trappistes d'Oka, où les moines nous recevaient toujours avec tant de gentillesse et de chaleur! Surtout qu'ils finissaient toujours par sortir une grosse meule de fromage que les gars dévoraient. Là aussi, les questions et les réponses étaient honnêtes, sur leur choix de vie, leur horaire, s'ils s'ennuyaient de leur famille ou des femmes. Un jour, en apprenant que les moines célébraient leur premier office du jour à 4 heures du matin, un des gars nous a dit : « À l'avenir, quand je sortirai des bars à 4 heures pour aller me coucher, je songerai que d'autres hommes, au même moment, se lèvent pour aller prier. » Pour le souper, nous allions manger de la pizza dans les locaux de l'Oasis liberté, un lieu d'accueil et d'écoute pour les ex-détenus fondé par André. Les gars y discutent souvent autour d'un thème proposé par l'animateur ou alors mettent en commun des ressources qu'ils connaissent ou font des demandes particulières.

Nous quittions la prison le matin à 9 heures, avec huit à dix détenus triés sur le volet, et nous rentrions à 23 heures. J'ai participé à cette journée formidable chaque fois que j'ai pu. Pendant de très nombreuses années, André a maintenu six autres sorties par année, qui se voulaient toutes des occasions de partage, de ressourcement, mais aussi des occasions d'ouvrir son esprit sur autre chose. Je pense aux rencontres organisées avec les membres de la communauté pendant la semaine de la justice réparatrice. Ces activités permettaient au monde du « dehors » d'entrer en contact avec des détenus et de se rendre compte qu'il s'agissait en fait d'hommes bien ordinaires.

Les gars ont aussi reçu de la belle visite au fil des années. André invitait des hommes et des femmes remarquables, capables d'ouvrir les esprits, d'inspirer les détenus, de leur donner force et espoir. Parmi eux, Jean Vanier, l'abbé Pierre, la baronne de Hueck, le cardinal Léger, le cardinal Grégoire, le cardinal Turcotte, Guy Gilbert, le prêtre des rues qui se promène en Harley-Davidson à Paris. Il y a eu aussi Pat Girard, un célèbre caïd des années 40, qui un jour s'est converti en allant acheter du chocolat à la Trappe d'Oka. Il jasait avec le vieux trappiste qui se trouvait là ; celui-ci a fini par lui demander s'il n'avait pas un péché ou deux à confesser. « Pour lui faire plaisir », Pat Girard s'est agenouillé et s'est mis à lui raconter une série de bobards sans importance. Quand il a eu fini, il a levé les yeux et a vu couler des larmes sur le visage ridé du confesseur qui lui a murmuré : « Ce n'était pas la peine de t'agenouiller pour raconter autant de mensonges. » Le vieux moine avait donc lu en lui ! Pat a été foudroyé. À tel point qu'à l'instant même il a ouvert son cœur à ce trappiste clairvoyant et lui a tout raconté. Il a ensuite tout vendu : ses voitures, ses maisons, ses condos à l'étranger. Il a fondé les Loisirs Saint-Jean-Baptiste, sur la rue Rachel à Montréal, où tant de jeunes ont évité la délinquance en passant par là !

En 1985, Montréal reçoit l'Assemblée des évêques du Québec et on les invite à venir rencontrer les gars de Bordeaux. La rencontre se tient comme prévu et au moment de se présenter, l'évêque de Rimouski demande s'il y a un homme parmi eux qui vient de cette région. Quelques mains se lèvent. L'évêque suivant, de Rouyn-Noranda, pose la même question. Encore quelques mains. Et finalement, ils posent tous la question pour se rendre compte que chaque évêque avait un « paroissien » à lui en dedans. Cette rencontre a été le début de quelques amitiés qui ont traversé bien des années, entre des évêques et des détenus.

LES FEMMES D'ANDRÉ

Madame Pauline Vanier, épouse du général Georges Vanier, gouverneur général du Canada de 1959 à 1967, était une amie de longue date d'André. Ils se sont connus en 1971, alors qu'elle parrainait un détenu au vieux *pen* de Saint-Vincent-de-Paul. Elle le visitait chaque semaine et avait demandé aux Carmélites de la mettre en contact avec un prêtre qui pourrait aider son « filleul ». Elle est souvent venue à Bordeaux par la suite. *Je me souviens d'elle une fois, dans le trou du « A »… la pisse ruisselle sur les murs, il fait froid, c'est sale et elle est assise au milieu des gars, dans toute sa dignité. Elle n'est même pas mal à l'aise. Elle est contente d'être là. Madame Vanier avait une telle noblesse de cœur ; une telle compassion pour la souffrance humaine. C'est quelqu'un qui m'a beaucoup marqué.* C'est sans doute pour ça qu'elle est sur une des quelques photos qui veillent sur lui depuis son petit bureau.

Ce sont toutes des femmes, car ce sont des femmes qui ont forgé l'âme d'André. Bien des hommes ont été importants dans sa vie, mais celles qui laissent l'indélébile trace de la compassion, de l'amour et de la liberté dans le cœur d'André, ce sont des femmes hors du commun, à commencer par sa mère, dont le souvenir n'est que tendresse pour le petit garçon qui se rappelle ; sœur Marie-Louis de Montfort, la religieuse de son enfance qui lui pardonnait tout ; sa sœur Jacqueline, qui l'a aimé comme une mère ; Catherine de Hueck, son inspiratrice ; sœur Aline, la carmélite qui l'a soutenu pendant sa dépression ; Élisabeth de la Trinité et sainte Thérèse de Lisieux, dont les textes sur l'amour de Dieu lui ont été d'un si grand soulagement et vers qui il s'est tourné au plus profond du désespoir. Les sœurs Dominicaines de Béthanie sont également du nombre. Édith Stein aussi, cette juive qui avait perdu la foi puis s'est convertie et est devenue carmélite. Elle a été déportée et est morte à Auschwitz en 1942. Je pense encore à Marie Labrecque, sa grande amie et « compagne de *club* » dans les années de la rue Laval. Sans elle, je ne crois pas qu'André aurait tenu si longtemps. Femme remarquable, dont le courage et la détermination ont été des modèles pour André.

Annette Desautels est aussi de celles qui ont marqué l'aumônier. Les détenus ont pu l'entendre, elle aussi, après l'avoir portée dans leur bras jusqu'au troisième étage, dans la chapelle. Elle était tétraplégique et avait passé la plus grande partie de sa vie sur une civière ; elle venait leur révéler à quel point la vie est merveilleuse. On peut dire qu'Annette a bouleversé bien des gars à Bordeaux.

Pour André, c'est important de parler des femmes positivement. Surtout en prison, où l'image des femmes est réduite à sa plus simple expression. Il les inclut chaque fois qu'il parle des hommes. À l'offertoire, par exemple, il disait : « ... le pain et le vin, fruit de la vigne et du travail des hommes et des femmes.... » Ou encore « ... des hommes et des femmes de bonne volonté... » Il rend hommage à leur force, à leur courage et à leur compassion chaque fois qu'il le peut.

Et c'est encore à une femme qu'il a demandé d'écrire ce livre.

MICHEL COMTE, PAULINE JULIEN ET CIE

Au tout début de son ministère, la prison n'a pas de responsable d'activités « socioculturelles », comme c'est le cas aujourd'hui. C'est donc André qui se démène pour obtenir la permission d'inviter des artistes en prison. Ça ne s'est jamais fait à l'époque, mais le directeur Desrivières est l'homme qu'il faut pour innover. Le premier à venir y faire un spectacle, c'est Michel Comte. Nous sommes alors en 1972, et les détenus ne sont pas encore habitués à ce genre d'évènement. Comme ils chahutent pas mal, Michel Comte arrête de chanter et leur dit : « Là, vous fermez vos gueules ou alors je range tout et je m'en vais. J'ai bien d'autres choses à faire que d'être ici! » Cela leur a cloué le bec et ils ont formé un public si attentif que Comte a fait quarante minutes de plus de spectacle que prévu.

Beaucoup d'artistes sont venus gracieusement pour les détenus de Bordeaux. Pauline Julien, les Séguin, Tony Roman et Georges D'or, pour n'en nommer que quelques-uns. Et puis, on jour, on a créé un poste d'agent culturel, et le responsable de la pastorale a dû mettre fin à sa carrière de producteur. À sa grande déception d'ailleurs, parce qu'André a un petit côté *jet-set* qui adore la fréquentation des célébrités!

André assiste un jour à une noce, après le mariage qu'il vient de célébrer chez des Italiens. Il voit sur la table la carte d'affaires d'une entreprise de limousine. Son petit côté *jet-set* s'exclame : *Une limousine, ça doit être le fun, ça!* Il n'en faut pas plus pour que Charlot lui annonce qu'il ira le chercher en limousine à la prison, le mardi suivant, à 16 heures 30. André proteste pour la forme, mais quand toute la tablée se met à insister, il accepte. Ici, il faut que j'explique qu'à la fin d'une sentence, la plupart des gars marchent jusqu'à l'arrêt qui se trouve devant la prison et prennent l'autobus. Mais il arrive qu'on vienne les chercher. Quand c'est en limousine, on sait qu'on a affaire à quelqu'un de la « haute gaffe[8] ». André vient travailler en métro ce jour-là et prend bien soin de ne dire à personne qu'on viendra le chercher en limousine. Parce que le hasard fait parfois bien les choses, quand vient l'heure de partir, André est en train de discuter avec sa directrice, Nicole Quesnel. C'est l'heure du changement de quart, tout le monde sort donc en même temps. Une des gardiennes dit tout haut ce que tout le monde pense tout bas : « Regardez, Père, il y a un gars de la mafia qui sort aujourd'hui ; ils ont envoyé la limousine ! » Et devant le regard éberlué de la moitié du personnel de la prison, sans dire un mot, André plonge vers la portière que le chauffeur en uniforme tient pour lui !

André a accordé de nombreuses entrevues dans sa vie. On a tourné bien des fois dans sa chapelle, et ses cartons sont remplis des articles qu'on a écrits sur sa vie et son ministère en prison. D'ailleurs, sa maison est remplie de cartons, de sacs, de tableaux, de caisses de documents et de correspondance ! André a un sens aigu du patrimoine, c'est le moins qu'on puisse dire. Quand il a quitté la rue Laval en 1986, il a emporté avec lui une brique de la maison, qu'il a toujours d'ailleurs. C'est lui qui a sauvé, en 1976, la statue du Sacré-Cœur qui accompagnait les condamnés à mort. En quittant la prison, il a demandé qu'on lui donne tout ce qu'on allait détruire de la prison et de la chapelle en particulier. Quand on monte jusque chez lui, il y a, à partir du deuxième palier, des piles de boîtes sur chacune des marches de l'escalier. On doit passer en se plaçant de côté pour avoir accès à la porte d'entrée. André a peur de jeter quelque chose d'important.

---

8. La gaffe, c'est le nom qu'on donne dans la culture carcérale, à l'ensemble de la vie délictuelle. On dira : « il est dans la gaffe » pour dire qu'il continue de faire de commettre des délits.

Dans ses cahiers, il a noté toutes les choses que les gars lui ont dites et qui l'ont touché : « Je m'arrangerai l'autre bord avec mes péchés. Dieu est mon Père et je dirai tout à mon Père. » L'un d'entre eux a reproduit le visage du Suaire de Turin au fusain et l'a offert à André : « Acceptez ce dessin, mon Père, car je vous sais à la recherche de ce silence qui parle tant à nos cœurs. » Pour chacun, il inscrit la date et le nom du gars. Il a aussi noté pendant trente-huit ans les graffitis bouleversants qu'il trouvait dans les cellules du trou ou des secteurs. « 06-11-94 — Jean-Luc Dupuis : Un bourgeon a éclos, la gloire du Père s'est matérialisée. »

André a photographié les dessins qu'ils avaient peints sur les murs de leurs cellules. Il a gardé tous les petits mots griffonnés et tous les poèmes. Il a tenu un registre des morts, un journal quotidien et un cahier d'événements. Il a des heures de film qu'il a tourné, avec l'accord du directeur, dans le trou du « A » avant qu'on le rénove ; dans celui du « E » aussi, juste après l'émeute.

Lorsqu'André sera rendu de l'autre côté, je crois que le Bon Dieu pourrait, sans aucune crainte, lui confier le classement et la préservation des archives du ciel depuis la création du monde !

Son amour du patrimoine, de l'architecture et de l'histoire ne se limite pas à la prison. Quand le Carmel de Montréal a failli être vendu pour construire des condos, André a alerté toutes les salles de nouvelles de Montréal. Les gens d'Héritage Montréal doivent reconnaître sa voix dès qu'ils décrochent aujourd'hui.

Un de ses rêves serait de monter une exposition d'œuvres de détenus des années soixante à aujourd'hui. Il rêve aussi d'un « conventum » de tous les détenus, hommes et femmes de tout le Canada, et qui sont aujourd'hui réhabilités. Quelle fête ce serait !

LA PLANTE

On peut dire que le père Jean aura partagé la vie de ses gars jusque dans les moindres détails. Il a dormi en prison durant une retraite et on l'a descendu au trou. Il a perdu des gens qu'il aimait, assassinés ou suicidés. Le 17 juillet 2003, il allait aussi connaître l'angoisse d'être placé en garde à vue, en état d'arrestation.

Benoît était un détenu qui avait toute la confiance d'André et même celle des gardiens de son secteur. Il amenait souvent de jeunes Haïtiens au bureau d'André en lui demandant de leur parler pour ne pas qu'ils se joignent à des *gangs* de rue. Il est arrivé plus d'une fois que les gardiens de son secteur téléphonent à la chapelle : « Envoyez-nous donc Benoît, il faudrait qu'il règle un problème ici. »

Je ne sais pas vraiment ce qui l'a décidé à se servir d'André pour faire entrer de la drogue, mais c'est ce qu'il a fait. Pendant plusieurs semaines, il lui a baratiné quelque chose à propos d'un cadeau que les détenus devraient faire à la chapelle... un cadeau qui dure... un objet symbolique, comme une belle grosse plante. Après bien des péripéties, André finit par recevoir la plante par un détenu qui vient de sortir et qui la lui remet au point de rencontre convenu. André l'apporte chez lui et, pas fou quand même, regarde sous le pot et dans le cache-pot. Rien.

Il finit par l'apporter à la prison. Comme elle est grosse et très lourde, il la laisse en avant, en expliquant aux gardes qu'il revient tout de suite après avoir stationné sa voiture. Quand il revient, les gardes ont caché la plante pour faire une blague. Ils finissent par lui dire qu'ils vont appeler deux gars pour la monter, mais André sait bien que ça prendra tout l'avant-midi. Il l'apporte donc et la laisse au gardien du parloir, en lui disant qu'il reviendra la chercher après avoir fait les petites choses qu'il doit faire au secrétariat. Quarante-cinq minutes plus tard, la directrice remplaçante veut le voir : « Père Jean, j'ai une mauvaise nouvelle à vous apprendre ; on a trouvé de la drogue dans la plante que vous venez juste de rentrer. Il faut que j'appelle la Sûreté du Québec. J'ai déjà appelé le sous-ministre. »

André s'effondre littéralement et on doit lui donner un calmant. Le directeur de la sécurité l'assure qu'il sait qu'André n'a pas rentré de drogue. André pense qu'on lui dit cela pour le calmer.

La police arrive vers 11 heures. On lui demande s'il veut appeler un avocat. C'est Francis Leborgne qu'il appelle en catastrophe, un vieil ami criminaliste. Quand Francis l'entend dire qu'il est avec la police parce qu'il a rentré une plante contenant de la drogue, l'avocat croit qu'André lui fait une blague. Quand il saisit vraiment la situation, il annonce qu'il arrive tout de suite et exhorte André à ne rien dire avant son arrivée. André ne veut mettre personne dans le pétrin et décide d'appeler son évêque à Saint-Jérôme et le cardinal Turcotte, afin qu'ils puissent se préparer si cela devait être ébruité dans les médias. Personne ne croit un seul instant qu'André ait pu faire une chose pareille.

Les policiers lui lisent ses droits; il est en état d'arrestation pour possession de drogue en vue d'en faire le trafic. André « capote complètement ». Il sait bien qu'il n'a rien fait. C'est comme dans le pire des cauchemars, quand tous les faits sont contre toi. Après une heure d'attente, André renonce à son droit de garder le silence. *Je savais que je ne dirais rien de moins ou de plus si Francis, mon avocat, était là. Je voulais leur dire la vérité. Je ne pouvais plus attendre.*

Il raconte aux policiers que Benoît voulait offrir un cadeau de la part des détenus pour la chapelle, et la suite de l'histoire jusqu'au matin même. Les policiers posent des questions auxquelles André répond sans hésitation, puis on lui fait ensuite signer sa déposition. On lui explique qu'il faut prendre ses empreintes digitales pour corroborer sa version des faits : s'il n'a jamais touché à la drogue qui se trouvait dans la terre, alors ses empreintes n'y seront pas. André s'empresse d'accepter et on procède.

Puis c'est l'attente qui commence.

Il est toujours en garde à vue et ne peut même pas aller aux toilettes tout seul. On attend les résultats à propos des empreintes digitales. Il est 17 heures quand on vient lui dire que ses empreintes n'étaient pas sur le bloc de drogue. Il peut partir, mais il doit rester à la disposition des enquêteurs. La nouvelle est sortie dans le bulletin de nouvelles et partout, c'est la commotion.

Arrivé chez lui, son téléphone ne cesse de sonner. Sa patronne, Nicole Quesnel, qui était en vacance en Gaspésie au moment des événements, veut entendre de sa bouche ce qui c'est passé exactement. Avant de raccrocher, elle lui explique que la prison doit faire une enquête et qu'en attendant, il lui est interdit de s'y rendre. Du même souffle, elle l'assure de sa confiance.

Durant toute la nuit et les jours suivants, ce sont des dizaines de détenus et d'ex-détenus qui l'appellent pour lui donner leur soutien. « Vous n'avez pas besoin d'avocat, mon Père, vous en avez des centaines! On ira tous témoigner! » Beaucoup d'autres également lui témoignent leur appui : gardes, amis, collègues et membres de sa famille.

Au bout de trois jours, l'angoisse le saisit et la dépression envoie ses premiers signaux. Marc-André, son psychologue, l'appelle pour lui donner le numéro de téléphone du chalet où il part en vacances. *J'ai eu beaucoup de soutien. Mais ce n'était pas d'un psychologue dont j'avais besoin. C'est d'être éclairé et rassuré sur ce qui allait se passer légalement pour moi. J'avais besoin d'être avec des gens qui connaissaient la prison, qui étaient passé par là.* C'est Francis, son ami avocat, et ses deux « fils adoptifs » ex-détenus qui vont le soutenir et le calmer le plus. C'est une façon de parler, parce que ceux qui connaissent André Patry savent qu'il a l'énervement difficile à calmer dans des conditions normales. Alors imaginez quand on l'arrête injustement! André ne doute pas du soutien de ses amis. Non, son angoisse c'est : est-ce que la police me croit?

Durant les vingt-six jours que dureront la crise, André va chercher dans sa petite chapelle, le Saint-Sacrement qu'il place sur son cœur et il s'endort ainsi. Il récite un psaume qu'il ne récitait pas avant, mais qui chaque fois l'apaisera : « Le Seigneur est mon berger, rien ne saurait me manquer; sur de verts pâturages, il me fait reposer [...] je traverse les ravins de la mort, je ne crains aucun mal... » Il prie pour les gars qui ont mis la drogue dans la plante, car il connaît leurs noms. Il prie pour ses accusateurs. Il prie aussi pour ceux qui salissent sa réputation. *Mon Dieu, je suis rivé à toi.* C'est cela qui le soutenait.

Sur la place publique, les médias font leurs ravages quotidiens et déchiquettent leur victime du jour : l'irréprochable aumônier qui s'est fait pincer avec de la drogue! Claude Poirier est un des rares qui prendra publiquement sa défense et à plusieurs reprises dans la tourmente.

Ce n'est que le 11 août que le père Jean apprendra qu'il est blanchi de tous soupçons et peut réintégrer son poste à la prison. Madame Quesnel lui suggère de prendre ses vacances et de ne revenir à la prison qu'en septembre. « Fais-toi plaisir » lui dit-elle.

André m'a dit plusieurs fois qu'il se moquait de ce que les médias pouvaient dire de lui. Mais je ne le crois pas. Personne ne reste indifférent de voir sa réputation mise en pièce et son nom traîné dans la boue. Cela cause une blessure profonde. Je ne doute pas qu'un jour les médias paieront le prix de leur indifférence aux dégâts qu'ils font depuis si longtemps. Le réseau de télé qui avait lancé la nouvelle des « accusations portées contre l'aumônier », alors que c'était faux, ne se s'est jamais rétracté ni excusé.

André a été transformé par cette expérience. Il avait désormais une connaissance intime de ce qu'ont traversé les détenus qui arrivaient à Bordeaux : la peur, l'angoisse, le vide devant lequel on se trouve parce qu'on ne sait pas ce qui va arriver. Et cela a aussi été l'occasion de libérer encore davantage son rapport au Christ de toute velléité de contrôle. Il s'est laissé complètement tomber dans l'amour du Christ. Il n'y avait rien d'autre à faire. Et maintenant, il sait qu'il n'y a jamais rien d'autre à faire.

Les Hell's de Bordeaux sont venus demander les noms des détenus qui avaient fait ça à André. On lui a même suggéré de les écrire sur un bout de papier si sa conscience lui interdisait de les nommer. Non, André a refusé de dire de qui il s'agissait. Mais tous les détenus qui avaient été mêlés à l'histoire sont venus lui demander pardon. Et il leur a répondu à chacun qu'il n'y avait rien à pardonner, parce qu'il ne leur en avait jamais voulu.

Tous sont venus, sauf Benoît. Personne ne l'a jamais revu.

LE FOND DE L'HISTOIRE

Bien plus tard, André a appris les détails de l'histoire de la plante. Benoît, le détenu, n'était pas seul dans l'histoire. Il voulait se servir d'André pour rentrer la drogue parce que l'aumônier n'est jamais fouillé. Mais l'un des autres, appelons-le Bernard, trouvait que ça dépassait les bornes et qu'on ne devait pas impliquer le père Jean dans une histoire de trafic. Il tente de faire valoir son point auprès de Benoît, mais celui-ci ne veut rien entendre et se prépare à utiliser le père Jean. Bernard va donc voir sa travailleuse sociale pour lui raconter toute l'histoire. Elle va à son tour voir le directeur de la sécurité de la prison et lui apprend que le père Jean va se faire offrir une plante, qu'il y aura de la drogue dedans, mais que le prêtre n'en sait rien. On alerte la SQ et commence une enquête. Le directeur de la sécurité s'oppose à ce qu'on laisse la plante entrer par la main d'André. Il veut qu'on la ramasse dès que la filature aura permis de savoir d'où elle vient. Mais tout le monde n'est pas de cet avis, et on décide qu'il faut le laisser entrer avec la plante si on veut pouvoir attraper à l'intérieur le détenu responsable du trafic.

Nous sommes alors une semaine avant les événements.

Tous, des enquêteurs au sous-ministre, ils savaient tous qu'André n'avait rien fait. Tout le monde savait qu'il n'avait rien à voir dans toute l'histoire et qu'il avait été utilisé pour faire entrer de la drogue.

Tout le monde savait.

LES DEUX FILS D'ANDRÉ

Steeve est le plus charmant des charmeurs. À l'époque de son incarcération à Bordeaux, il a toujours le sourire, il est bien élevé, serviable. André le trouve gentil et l'appelle « mon sourire ». À la fin de sa sentence, Steeve va vivre à Vancouver et reste deux ans sans donner de nouvelles. À cette époque, il n'a pas vraiment « raccroché ses patins ». Il revient au Québec parce qu'il sait qu'on le recherche pour un vol de banque qu'il n'a pas commis. Nous sommes en 1986 et Steeve débarque chez André. Ce devait être un dépannage, mais au bout de quatre semaines, il passe du petit matelas dans le salon au lit de la chambre du fond. Trois mois plus tard, il est toujours là et André ne s'en plaint pas. Steeve le traite comme son père. Il décide alors de partir pour le Mexique : il s'est trouvé une *job* au Club Med, mais qu'il n'a pas d'argent pour s'y rendre. André lui donne l'argent ! Mais après quelques mois de *party*, il finit par appeler André parce qu'il n'a pas d'argent pour revenir. André lui envoie ce qu'il faut pour qu'il puisse revenir ! Et le fils adoptif revient vivre encore deux mois chez son « père ». Il part vivre en appartement, puis se fait arrêter pour le fameux vol de banque et retourne en prison. Acquitté de toutes les charges déposées contre lui et libéré, il reviendra vivre avec André encore quelques semaines.

Steeve veut arrêter les mauvais coups. Bien des parents connaissent cette chanson. Le fils qui promet, qui rechute mais qui veut vraiment s'en sortir. André ne fait ni pire ni mieux. Il aime vraiment Steeve comme un fils. La cohabitation lui a permis de le connaître et de se lier profondément avec lui. Ils voyagent ensemble; André va en Beauce rencontrer la mère de Steeve. Et Steeve est invité à toutes les fêtes de famille du côté des Patry. Quand Steeve parle de lui, il dit : voici mon père. Au téléphone : salut papa. C'est la première fois qu'André cohabite si longtemps avec une autre personne, ne l'oublions pas. Il goûte enfin à cette sorte de lien d'intimité filial si nourrissant… qui peut parfois offrir un arrière-goût amer. Et puis, il ne faudrait pas croire que Steeve est un grand « flan mou »! Steeve est très vaillant, généreux et attentif aux autres. Mais à cette époque, il aime un peu trop les *partys*, et les femmes qu'il fréquente sont de celles qui coûtent cher. Steeve adore faire le fanfaron qui paye la traite à tout le monde. Ce qui va le sauver, c'est qu'il est brillant et qu'il aime travailler. Ça prendra du temps, mais il finit vraiment par mettre fin à sa carrière de délinquant. Je dirais que Sophie y est aussi pour quelque chose… une femme formidable qui valait tous les renoncements. Ils ont eu un fils, Maxime, qui a une vive intelligence, le charme redoutable de son père et la beauté remarquable de sa mère!

Michel est arrivé un peu après Steeve dans la vie d'André, en 1987. Lui aussi était incarcéré à Bordeaux. Steeve et Michel ont le même âge et tous deux ont été privés de père très tôt. Mais c'est là que s'arrêtent les points communs entre eux. Michel est un introverti qui poursuit une impressionnante quête spirituelle depuis très longtemps. Il est un catholique fervent et pieux. Il sera responsable de la pastorale de son secteur même s'il est un virulent critique du pouvoir du clergé. Michel n'a plus ni père ni mère depuis un moment déjà. À vingt ans, il devient le père d'un petit garçon, Cédric, et fait sa première sentence.

Un jour qu'André prend l'air sur son balcon, il voit passer Michel qui l'interpelle. « Bonjour, mon Père. Est-ce que je pourrais vous parler ? » Il vit des histoires avec sa blonde… André lui parle d'Entrée libre, un lieu d'accueil pour les ex-détenus qu'André a co-fondé en 1986, et Michel s'y implique tout de suite. Un soir qu'il revient de souper avec les gens d'Entrée libre, Michel explique à André qu'il doit se trouver une chambre parce qu'il ne peut plus habiter son appartement ; c'est fini avec sa blonde. André l'invite à rester pour la nuit et promet d'aller avec lui trouver une chambre le lendemain. Sauf que la chambre s'avère être un tel trou et qu'André refuse de le laisser là et le ramène chez lui, *en attendant que tu puisses te trouver un appartement.* Cela durera en fait dix mois.

Michel prie avec André et célèbre la messe chaque matin avec lui. À côté de son lit, il a installé un petit autel avec un cierge et une icône. Michel est sensible et généreux. Il est un père dévoué, vraiment ! L'injustice le rend fou et plus d'une fois il se placera dans des situations délicates pour avoir défendu un plus faible que lui. Autant Steeve était volage, autant Michel porte la fidélité au niveau de la vertu. Au bout de six mois, Michel travaille déjà depuis quelque temps et décide de partir en appartement. Ça tombe bien, parce que Steeve doit bientôt quitter le sien pour la maison de St-Liboire qu'il vient de s'acheter. Ils se connaissent, évidemment! André a amené Michel partout avec lui, et sa famille l'aime autant que Steeve.

Et les deux fils, adoptés par le cœur, se « tirent la pipe », comme tous les frères. Mais placez-les dans la même pièce et André va passer un mauvais quart d'heure!

Quand ils sont partis de chez moi, chacun, j'ai vraiment eu tellement de peine! J'ai eu un deuil à faire. J'aurais voulu qu'ils restent encore, mais c'était le temps qu'ils volent de leurs propres ailes. Chacun avait son propre style. J'aimais le côté frivole et drôle de Steeve; j'aimais l'intériorité et la foi ardente de Michel. En plus, ils faisaient tous les deux si bien la cuisine! André les a si bien couvés qu'il reçoit l'appel de ses « fils » le jour de la fête des pères, mais aussi le jour de la fête des mères!

Pouvoir être le « père » de deux hommes était déjà extraordinaire pour un prêtre! Steeve et Michel ont eu chacun un fils, dont André a été très proche. Mais il tissera un réel lien de grand-père avec le deuxième fils de Michel, Félix. Il deviendra complètement « gaga »!

André est émerveillé devant ce petit bébé et ne se lasse pas de le regarder. Il lui change ses couches, le nourrit, dort à côté de son berceau quand il le garde et se réveille en sursaut pour vérifier que le petit respire toujours. Et comme tous les parents, il s'inquiétera beaucoup, aura de la difficulté à laisser aller et à faire confiance. Il fera des erreurs, il aura des maladresses et on les lui reprochera, avec raison. C'est aussi vivre avec ça, être parent. André a connu les angoisses du parent qui assiste impuissant à la séparation de son fils et à la guerre pour la garde de Félix. Avec le temps, comme tous les autres, il apprend à se détacher émotivement. *Je récite la prière des AA qu'un motard m'a donnée une fois : « Mon Dieu, donnez-moi la sérénité d'accepter les choses que je ne peux pas changer ; le courage de changer les choses que je peux changer ; et la sagesse d'en connaître la différence. »*

Cédric, le fils aîné de Michel, toujours si curieux et vif d'esprit, a maintenant vingt-cinq ans. Félix le généreux, qui sait si bien y faire avec les filles, en a quinze. Ce dernier vit à Montréal avec Michel et sa compagne, Nathalie. Steeve habite toujours la campagne et continue de partager sa vie avec Sophie, et leur Maxime vient d'avoir seize ans.

Voilà sans doute la plus improbable des familles. Mais c'est ce maillage inattendu qui a permis à trois hommes de connaître ce dont la vie semblait les avoir privés pour de bon : une vie de famille.

CONCLUSION

« Tout est grâce »
Sainte Thérèse de l'Enfant-Jésus

Après les semaines ininterrompues de fêtes et de réceptions que chacun voulait lui offrir lors de son départ, André a dû se trouver une vie sans la prison.

Un peu comme les athlètes de haut niveau qui arrêtent la compétition, André a dû trouver une place pour se poser et faire le tour de son jardin.

Il savait déjà qu'il donnerait une grande partie de son temps à Oasis Liberté, ce lieu d'accueil et de ressourcement humain et spirituel pour tous les ex-détenus, hommes et femmes. Son œuvre, comme il dit. Il a toute une équipe avec lui qui reçoit ceux et celles qui y viennent. Il fait beaucoup de visites aussi, dans les pénitenciers, pour rencontrer les gars qui le lui demandent et entretenir toujours ce lien si précieux et qui fait la différence entre se sentir abandonné et retrouver sa dignité dans le regard de quelqu'un.

Il a aussi ce projet de « conventum » des réhabilités qui lui tient à cœur. Et puis, une fois par mois, il va dire la messe à sa *gang*, les Carmélites de Montréal, et aussi chez les sœurs de mère Teresa avec les personnes itinérantes.

On l'invite partout pour des conférences. Et puis, il y a encore les mariages, les baptêmes, les funérailles.

Je sais, je sais, André est toujours aussi occupé. Mais je sais que derrière son agitation se cache une pensée permanente pour sa « paroisse ». Elle lui manque. Il s'ennuie de la vie que cette communauté de Bordeaux tissait chaque jour avec son prêtre, l'« évêque de Bordeaux », comme l'appelait monseigneur Cimichella !

Remarquez, il n'est pas du tout malheureux ! Il a vraiment quitté la prison dans la sérénité. Mais qui peut quitter une telle vie sans se retourner de temps en temps ?

J'aurais pu aisément écrire mille pages sur la vie du père Jean, l'aumônier qui a vécu trente-huit années de ministère à la prison de Bordeaux. Quelqu'un d'autre les écrira peut-être un jour, mais, même alors, vous ne saurez pas tout.

Après vingt ans d'une amitié chaleureuse, plus de cent heures d'entrevue et presque mille pages de documents mis à ma disposition, je ne sais pas tout.

André garde un vaste jardin secret. Il est comme le directeur du service d'espionnage dans les films américains : il rend les compartiments étanches en matière d'information. Et c'est sans doute ce qu'il faut faire quand on a entendu les confessions des pédophiles, des assassins et aussi celles des innocents condamnés à tort. Ils sont rares, mais un seul, c'est déjà insupportable, quand on connaît la prison. Et André la connaît.

Contrairement aux détenus qui peuvent toujours choisir de faire leur temps tranquille en longeant les murs et en parlant au moins de monde possible, André, lui, a foncé là où ça allait le plus mal. Dans les émeutes, auprès des suicidés, des désespérés. C'est ce qu'il avait choisi : être avec les gars.

Il a voulu être une fenêtre pour des hommes emmurés. Il a voulu offrir la liberté de l'âme dans la plus violente de toutes les prisons. Il a voulu qu'ils sachent que Dieu n'est qu'Amour.

Et c'est exactement ce qu'il a fait.

LES LECTURES D'ANDRÉ...

... qui pourraient en inspirer d'autres...

BLAIS, Martin. *L'autre Thomas d'Aquin*, Montréal, Les Éditons du Boréal, 1993, 316 pages.

EVDOKIMOV, Paul. *L'amour fou de Dieu*, coll. Livre de vie, Paris, Éditions du Seuil, 1997, 182 pages.

GARRIGUES, Jean-Miguel. *Dieu sans idée du mal. La liberté de l'homme au cœur de Dieu,* Limoges, Éditions Criterion, 1983, 165 pages.

HUECK, Catherine de. *Lettres à mon évêque*, Paris, Éditions du Cerf, 1960, 151pages.

MARTELET, Gustave. *L'au-delà retrouvé*, Paris, Éditions Desclées, 1995, 174 pages.

MARTIN, Thérèse. *Manuscrits autobiographiques, Sainte Thérèse de Lisieux,* Carmel de Lisieux.

POSTFACE

À LA MANIÈRE D'UN TRAVAILLEUR DE RUE...

De grands murs de béton, des portes de métal qui s'entre-
choquent les unes contre les autres avec un grand fracas,
de lointains cris qui s'amplifient à mesure que l'on
pénètre ce haut lieu de sécurité. Des gardes qui vous
fouillent, vous scrutent, qui vous suivent de l'œil pour
bien vous faire sentir leur présence. Des quartiers de
détention remplis à capacité où toute intimité est impossible. Des hommes qui y pénètrent pour la énième fois,
comme celui qui y entre pour la première, auront à vivre
ensemble pour des mois : mois qui leur paraîtront interminables. Une atmosphère de mensonges, de duplicité,
de manipulation, de peur, de honte toxique. Des sons
aigus de téléviseurs, de radios ; des cris, des jurons emplis-
sent cet univers pour cacher le silence de l'incarcération,
si pénible à endurer. Des êtres paranoïaques, schizophrènes, psychopathes, pédophiles, violeurs, tueurs,
voleurs de banque, agresseurs de chauffeurs de taxi qui
sont prêts à tuer pour se procurer leur *hit* d'héroïne,
proxénètes, prostitués, fraudeurs. On ne s'étonne plus ou
on ne fait plus de cas, malheureusement, que la majorité
pour ne pas dire la presque totalité de ces hommes pro-
viennent de familles brisées, sans instruction, et souvent
de milieux défavorisés.

Les plus forts par contre prendront le contrôle de cet enfer de béton. Menaces, saccages, « tordage de bras », insultes, abus sexuels, taxage sont le lot quotidien de ces hommes qui auront à se méfier d'un coup de « pic », cette arme blanche de fabrication artisanale, pour ne pas avoir respecté une des règles souvent dictées par celui qui est le plus gros physiquement, communément appelé « les gros bras » mais qui est plus souvent qu'autrement le plus peureux ou le plus mal dans sa peau. « L'image », arme suprême dominant cet endroit de perdition que l'on appelle aussi « l'école du crime ».

Dans la Bible, une certaine littérature, en particulier celle du Nouveau Testament, fait souvent référence à l'émotion qui vient des entrailles (en grec : *splanchnisthèis*, du verbe *splanchnizomai*) lui donnant alors une évolution plus psychologique, s'approchant même de la compassion. Je ne parle pas ici de miséricorde, qui ferait davantage appel à la chose divine. Je parle de la compassion qui tend la main à la souffrance et qui tente de comprendre. C'est ce que j'ai toujours trouvé d'extraordinaire chez Jean. Cette compassion qui vient de ses tripes, de ses entrailles. Il porte en lui, comme pour le purifier, le mal dont nous souffrons pour le transformer en espoir, en Amour inconditionnel. Il vit la résurrection du Christ de façon quotidienne en appliquant dans sa vie de tous les jours le message de Jésus. Et comme on ne peut séparer le message du messager, il « ressuscite » donc Jésus par son travail et la communion fraternelle.

Souvent, on entend les gens dire, et spécialement les employés en milieu carcéral, que devant la souffrance il faut se protéger, que l'on doit se faire une carapace. À mon avis, si Jean a su passer au travers ces trente-huit ans de vie « en dedans », c'est qu'il a su d'abord faire face à ses propres détresses et à ses limites. On ne traverse pas l'enfer sans bien se connaître. « Jean a la foi », la foi qui transporte les montagnes, qui fait de l'impossible un avènement possible. Il n'est pas de ceux qui se cachent derrière un protocole fabriqué de toutes pièces pour marquer une différence hautaine. Il se laisse habiter, parfois envahir, on doit l'admettre, mais toujours se laisse toucher par la misère, le mal, la souffrance de l'autre. Il n'est pas un être de grandes théories, de grands discours. Le père Jean va droit au but dans la simplicité et l'humilité, à la manière de Jean Vanier, fondateur de l'Arche.

Une phrase à mon avis résume bien la vie du père Jean, et cette phrase fut prononcée par Jésus lorsque confronté par les pharisiens au sujet d'un repas qu'il avait pris avec des pécheurs et des prostituées. Les pharisiens s'offusquaient de le voir ainsi attablé avec de telles gens. Jésus leur déclara : « Ce ne sont pas les forts qui ont besoin d'un médecin, mais ceux qui ont mal. »

Par ce livre, si magnifiquement écrit par France Paradis, vous avez entre les mains l'histoire de Jean André Patry, mon ami depuis trente-cinq ans, mon confident, qui, une nuit de Noël, a joint le cercle des quelques personnes qui firent la différence dans ma vie. Il est entré dans ma cellule où j'étais isolé des autres vingt-quatre heures par jour depuis trois ans, pour célébrer la messe de minuit, s'agenouiller et communier avec celui qu'il appelle son frère en Jésus, malgré tous mes péchés.

Carlito